Reginas Erbinnen

Rabbinerinnen
in Deutschland

Herausgegeben
von Rabbinerin Antje Yael Deusel
und Rocco Thiede

HENTRICH
&HENTRICH

Inhalt

Regina Jonas – vermutlich nach 1939. Jonas' Stempel auf der Rückseite des Bildes trägt bereits den Zwangsnamen »Sara«, den ab 1939 alle jüdischen Frauen führen mussten: »Rabbiner Regina Sara Jonas«

Einführung von Rachel Herweg

Regina Jonas (1902–1944)[*]

„Ich kam zu meinem Beruf aus dem religiösen Gefühl,
daß Gott keinen Menschen unterdrückt, daß also der
Mann nicht die Frau beherrscht ... vom Gedanken der
letzten und restlosen geistigen, seelischen, sittlichen
Gleichberechtigung beider Geschlechter ..."

Das besondere historische Verdienst von Regina Jonas ist, dass sie
weltweit die erste Rabbinerin war: Nach zähem Ringen um Anerkennung erhielt sie am 27. Dezember 1935 – erst fünfeinhalb
Jahre nach Abschluss ihres zwölfsemestrigen rabbinischen Studiums an der Berliner Hochschule für die Wissenschaft des Judentums und dreieinhalb Monate nach Verabschiedung der Nürnberger Rassegesetze durch den Reichstag – von dem Offenbacher
liberalen Rabbiner Dr. Max Dienemann die Ordinationsurkunde.
Trotz der großen Widerstände und Vorbehalte seitens des zeit-
genössischen deutschen Judentums und der damit verbundenen
Auseinandersetzungen und Korrespondenzen bleibt Regina Jonas
als eine biographische Persönlichkeit kaum mehr fassbar. Ihr Vermächtnis ist kein umfangreiches literarisches oder philosophi-
sches Œvre; sie hinterließ kein Tagebuch, und es existieren auch
keine persönlichen Briefe oder Berichte von Zeitzeugen, die er-
schöpfend Aufschluss über die inneren Beweggründe für ihr Han-

[*] Veröffentlicht in: „Meinetwegen ist die Welt erschaffen." Das intellektuelle
Vermächtnis des deutschsprachigen Judentums, hg. von Hans Erler, Ernst Ludwig
Ehrlich, Ludger Heid. Frankfurt/New York: Campus Verlag 1997.

deln geben könnten. – Spuren ihres Lebens finden sich in ihrem bescheidenen Nachlass, der für die Forschung erst im Zuge der deutschen Wiedervereinigung, zugänglich gemacht wurde[1]; vor dem 11. September 1991, dem dokumentierten Datum der zuerst erfolgten Akteneinsicht, war die in Auschwitz ermordete Rabbinerin Regina Jonas weitgehend in Vergessenheit geraten.

Mit ihrem Tod war, wie es die Gelehrte Pnina Navè Levinson unlängst so treffend formuliert hat,[2] „ein gerade beginnendes Kapitel grausam abgebrochen": Das differenzierte und kreative Nebeneinander der unterschiedlichen modernen religiösen Strömungen, die einst in Deutschland als Reflex auf jüdische Assimilationsbestrebungen entstanden und im Wachsen begriffen waren, versteinerte nach den Schrecken der Vernichtung über Jahrzehnte hinweg. Ein Erwachen aus der insularen Starre und Isolation, ein Anknüpfen an die einst reiche Tradition und religiöse Pluralität lässt sich an der zum 1. August 1995 erfolgten Berufung von Rabbiner Bea Wyler an die Jüdische Gemeinde Oldenburg festmachen.[3] Gleichsam in die Vorwehen dieser Berufung fiel die Wiederentdeckung von Regina Jonas. Das Interesse an ihr als Pionierin und Vorkämpferin für die Gleichberechtigung der Frau hält seither unvermindert an, vermag doch die Kenntnis um ihren Lebensweg und beruflichen Aufstieg einen Beitrag zur (Wieder-) Verortung heutigen jüdischen Lebens und seiner Gestaltung zu leisten. – Die zentralen Fragen lauten hierbei: Welche Ziele verfolgte Regina Jonas, was waren ihre Anliegen, und worum geht es (uns) heute?

Geboren am 3. August 1902 in Berlin als Tochter des bereits 1913 verstorbenen Kaufmanns Wolf Jonas und seiner Frau Sara, geb. Hess, wuchs Regina Jonas mit ihrem Bruder Abraham in eher bescheidenen Verhältnissen auf. Ihr Elternhaus soll „streng religiös"[4] gewesen sein. Nach erfolgreichem Besuch des Öffentlichen Oberlyzeums zu Berlin-Weißensee erwarb sie dort im März 1924 die Lehrbefähigung für Lyzeen und immatrikulierte sich dann mit dem Ziel der Ordination zur Rabbinerin an der liberalen Hochschule für die Wissenschaft des Judentums (eröffnet am 6.5.1872, geschlossen am 19.7.1942). Ihr Studium finanzierte sie durch Unterricht an höheren Mädchenschulen. Am 22. Juli 1930 bestand sie ihre „mündliche Schluß[!]prüfung" bei dem damals führenden rabbinischen Repräsentanten des deutschen Judentums, Dr. Leo Baeck (Religionsgeschichte und Pädagogik) und den Professoren Julius Guttmann (Religionsphilosophie), Ismar Elbogen (Jüdische Geschichte und Literatur) und Eduard Baneth (Talmudische Wissenschaft). Bei letzterem, der selbst auch Rabbiner war, hatte sie zuvor eine umfangreiche schriftliche Arbeit mit dem provozierenden Titel: „Kann die Frau das rabbinische Amt bekleiden?"[5] eingereicht. In ihr gelangte sie auf der letzten Seite, Blatt 95, zu der begründeten Schlussfolgerung, dass dem Bekleiden des rabbinischen Amtes seitens der Frau „außer Vorurteil und Ungewohntsein" in religionsgesetzlicher Hinsicht „fast [!] nichts" entgegensteht. Ihr Lehrer scheint derselben Ansicht gewesen zu sein. Er bewertete die Arbeit mit „Gut" und muss wohl auch – und das keineswegs im Einvernehmen mit den übrigen Mitgliedern des Lehrkörpers – beabsichtigt haben, seiner ehrgeizigen und temperamentvollen Schülerin die Ordination zu erteilen. Allein sein Tod am 7. August 1930 mag vereitelt haben, dass Regina Jonas ihr Studium mit dem Rabbinatsdiplom abschließen konnte; ihr am 12. Dezember 1930 ausgestelltes Zeugnis[6] weist sie „nur" als akademisch geprüfte Religionslehrerin aus. Fünf Monate später bescheinigte ihr dann noch Leo Baeck, sich in einer Reihe von Übungspredigten „als denkende und gewandte Predigerin"[7] erwiesen zu haben, was nahelegt, dass Regina Jonas unbeirrt an ihrem Berufswunsch festgehalten hat und ihre Qualifikation durch zusätzliche Belege zu beweisen suchte.

„Hoffentlich bringt Ihnen [...] Ihr Wirken die Befriedigung, die Sie sich durch den langen Kampf verdient haben", wünschte ihr der inzwischen nach Palästina emigrierte Harry Torcyner (siehe Anm. 6) in einem Gratulationsschreiben,[8] nachdem sie am 27. Dezember 1935 endlich zur Rabbinerin ordiniert worden war.

Die Anerkennung von institutioneller Seite brachte es ihr jeden-
falls nur sukzessive: Hatte Regina Jonas bereits seit Beginn der
dreißiger Jahre in mehreren Schulen Religionsunterricht erteilt
und im Rahmen verschiedener jüdischer Einrichtungen und
Organisationen Vorträge zu religiösen, biblischen und historischen
Themen sowie zu Fragen zur Stellung der Frau im Judentum gehalten, wurde sie auch nach ihrer Ordination von der Jüdischen
Gemeinde zu Berlin seit dem 1. August 1937 lediglich als Religionslehrerin beschäftigt – dieses allerdings mit dem Zusatz, die „rabbi-
nisch-seelsorgerische Betreuung" in den Altersheimen, im Krankenhaus und in städtischen Einrichtungen übernehmen zu dürfen.[9]
Zwei mit Vehemenz formulierte und im Auftrag vieler Beter im
Vorfeld eingereichte Gesuche,[10] sie doch endlich von der Kanzel
der Neuen Synagoge predigen zu lassen, waren ungehört geblieben und sollten ungehört bleiben: Zwar hielt die begnadete
Predigerin in der Neuen Synagoge (wie auch in anderen Synagogen), und durchaus in Talar und Barett, Ansprachen und gestal-
tete religiöse Feste und Feiern für Jugendliche und Erwachsene,
dieses jedoch nur in dem der eigentlichen Synagoge vorgelagerten
Trausaal.

Nach 1938 sollte Regina Jonas dann immer häufiger Gemeinderabbiner vertreten, die ausgewandert oder verhaftet und deportiert worden waren. Dem zum Trotz bat die Personalverwaltung der
Jüdischen Kultusvereinigung zu Berlin sie aber erst am 26. Januar
1942 um die Übersendung der Zeugnisse ihrer rabbinischen Ausbildung; wahrscheinlich benötigte sie zu diesem Zweck auch eine
Abschrift ihres Rabbinatsdiploms, die Leo Baeck [!] kraft Stempel
der Hochschule für die Wissenschaft des Judentums und seiner
eigenen Unterschrift beglaubigt hatte.[11] Bis zu ihrer eigenen
Deportation nach Theresienstadt am 6. November 1942 wirkte sie
weiter als Rabbinerin, und auch im Konzentrationslager setzte
sie ihre Arbeit fort: Innerhalb des von Viktor Frankl geleiteten
Referats „Psychische Hygiene" betreute sie Neuankömmlinge
und verfasste und hielt Vorträge und Predigten.[12] Am 12. Oktober

1944 wurde Regina Jonas nach Auschwitz deportiert und dort ermordet.

Dass sie durch ihre Predigten die Herzen der Menschen erreicht hatte, belegen zahlreiche schriftliche Äußerungen und persönliche Danksagungen, die in ihrem Nachlass erhalten geblieben sind. Genau darum scheint es ihr auch zentral gegangen zu sein: Sie wollte berühren und wachrütteln, aufrichten, Trost spenden, belehren und jüdischen Lebenssinn (zurück)geben. In einer Zeit, in der vielen deutschen Juden ihre gescheiterte Emanzipation und gleichzeitige Entfremdung von den eigenen religiösen Wurzeln und kulturellen Werten schmerzhaft bewusst wurde und ein Prozess der geistigen Neubesinnung oder Rückorientierung einsetzte, strebte sie danach, die Suchenden und Enttäuschten wieder in den jüdischen Überlieferungszusammenhang einzubinden. Durch Vorleben und konkrete Unterweisung in Fragen jüdischen Brauchtums und Empfindens wollte sie von einem jüdisch-traditionellen, ihrer eigenen Sozialisation entsprechenden Standpunkt aus eine Brücke schlagen in das Innere, in das pulsierende jüdische Leben, wollte dazu animieren, jüdische Tradition erinnernd fortzuführen und damit in die Zukunft hinein zu sichern: „All dies tiefernst religiöse Empfinden kann nur ausgelöst werden, wenn die ganze Gemeinde Israel im Gotteshause weilt, wie einst ganz Israel, Männer, Frauen und Kinder, am Sinai die Tora empfingen ... [Und] so reiße die Kette nicht ab und gebe uns diese geschichtliche Verantwortung Kraft zu edlen Leistungen ...“[13]

Zutiefst von ihrer göttlichen Berufung überzeugt, sah sie ihren Platz an der Seite ihrer männlichen Amtskollegen: „Ich kam zu meinem Beruf aus dem religiösen Gefühl, daß Gott keinen Menschen unterdrückt, daß also der Mann nicht die Frau beherrscht [...] vom Gedanken der letzten und restlosen geistigen, seelischen, sittlichen Gleichberechtigung beider Geschlechter ...“[14] Von beiden, Rabbinern wie Rabbinerinnen, forderte Regina Jonas einen Lebenswandel, der von jüdischer Geistigkeit durchdrungen ist. Dabei setzte sie sich für das Fortbestehen unterschiedlicher

Aufgabenbereiche für Frauen und Männer ein: „Gar manche Dinge, die der Mann auf der Kanzel und sonst bei der Jugend nicht sagen kann, kann sie [die Rabbinerin] sagen. Ihre Erfahrungen und psychologischen Beobachtungen sind wesentlich andere als die des Mannes, daher auch die Art eine andere, in der sie wirkt [...] Wenn man jüdische Kultur pflegen will, muß gerade für diese Art von Pflege die Frau mitarbeiten [...] Die Welt besteht nun einmal durch Gott aus zwei Geschlechtern und kann nicht auf die Dauer nur von einem Geschlecht gefördert werden."[15] – Den Beruf der Rabbinerin sollten jedoch, ganz im Sinne einer professionellen Mütterlichkeit, nur unverheiratete Frauen ausüben: „Der Aufgabenkreis einer Frau und Mutter ist heute bedeutend vergrößert. Abgesehen von der unverheirateten Frau, die einen selbständigen Beruf bekleiden muß und sich auch den der jüdischen Theologie aussuchen will, hat eine Mutter viel Schwereres zu bewältigen als früher. Man denke daran, daß heute kritische Kinderstimmen an das Ohr der Mutter dringen, Zweifleraugen, durch die außerjüdische Umwelt und Kultur an unsere heiligen Werte die Sonde des Zweifels und der Kritik anlegen. Da kann die Mutter gerade, die in Kinderjahren vieles vom Judentum gelernt hat [...] mit Klugheit und Sanftmut [...] das Kind mit Wissen und jüdischem Selbstbewußtsein ausrüsten."[16] Nicht Gleichartigkeit von Frau und Mann, sondern Gleichwertigkeit in unterschiedlicher Funktionalität war die Devise von Regina Jonas. In diesem Sinne beharrte sie auch auf der Trennung der Geschlechter beim öffentlichen Gottesdienst und hob das jüdische Prinzip der Keuschheit als erzieherisches Ideal hervor, das sie besonders durch das Wirken der Frauen wieder stärker praktiziert sehen wollte.[17] – Davon, dass sich die Gleichberechtigung jüdischer Frauen nicht nur in gleichen, sprich: männlichen Ausdrucksformen manifestiert, zeugen heute neue und wiederentdeckte spezifisch weibliche Rituale der Fest- und Lebenszeiten,[18] wodurch auch ein fruchtbarer Anknüpfungspunkt an die traditionelle Haltung und das Wirken der ersten Rabbinerin gegeben ist.

Wie zu ihrer Zeit, suchen deutsche Juden und/oder Juden in Deutschland auch heute ihren Weg im Spannungsfeld zwischen Bewahrung und fort- oder neugestaltender Bewährung von Tradition. Aber während die wachsende Akzeptanz von Regina Jonas als Rabbinerin im Angesicht der zunehmenden Entrechtung und Vernichtung des deutschen Judentums erfolgt war, steht die eingangs erwähnte Berufung von Rabbiner Bea Wyler gleichsam als Neuanfang eines künftig freien und bewussten pluralen Nebeneinanders von Traditionalisten und religiös Progressiven. Darin besteht das eigentliche Vermächtnis von Rabbinerin Regina Jonas.

1   Der sog. Nachlaßsplitter Jonas (CJA [Centrum Judaicum, Archiv] 1 [Gesamtarchiv], 75 D Jo 1, Nr. 1–14) befindet sich in den Beständen des Gesamtarchivs der Deutschen Juden, die vor kurzem in das Archiv der Stiftung „Neue Synagoge Berlin – Centrum Judaicum" überführt worden sind. Er enthält neben ihrer halachischen Prüfungsarbeit „Kann die Frau das rabbinische Amt bekleiden?", die als Schlüssel zu ihrem Selbstverständnis gelesen werden kann, eine persönliche Dokumentenmappe, Schreiben verschiedener Institutionen der Jüdischen Gemeinde, wenige private Briefe und Kartengrüße sowie kürzere Ausarbeitungen und Zeitungsausschnitte, die Zeugnis ihres rabbinisches Wirkens und ihrer außerordentlichen Ausstrahlung ablegen. Vgl. aktuell Rachel Monika Herweg: „Mein Name ist Frau Regina Jonas. Ich bin nicht die Frau eines Rabbiners. Ich bin Rabbinerin. Was kann ich für Sie tun?" – Die Rabbinerin Regina Jonas (Berlin 1902 – Auschwitz 1944). In: Elke Kleinau (Hg.): Frauen in pädagogischen Berufen – gestern und heute. Klinkhardt 1996, S. 152–167.

2   Pnina Navè Levinson: „Und Debora strahlte im Lichte der göttlichen Offenbarung. Anfang oder Tradition ...". In: Die Welt vom 2. August 1995.

3   Sie steht in der Folge des sich seit Ende der 1970er/Anfang der 1980er Jahre allmählich vollziehenden Bewusstseinswandels innerhalb der jüdischen Gemeinden in Deutschland (dazu Michael Brenner: Nach dem Holocaust. Juden in Deutschland 1945–1950. München: Beck 1995, S. 203 ff.) und löste, wie es in der deutschen Presse von Ende Juli bis Mitte August 1995 eindrucksvoll dokumentiert ist, vergleichbare Reaktionen aus, wie die Ordination von Regina Jonas.

4   Nach dem Beitrag „Die Rabbinerin" in der Frauen-Zeitung *Berna*, Organ des Bernischen Frauenbundes, vom 10. Februar 1939, S. 163 (CJA 1, 75 D Jo 1, Nr. 5, Bl. 53).

5 CJA 1, 75 D Jo 1, Nr. 3.

6 CJA 1, 75 D Jo 1, Nr.14, Bl. 11. Am selben Tag hatte Regina Jonas noch eine weitere mündliche Prüfung [!] in Hebräischer Sprach- und Bibelwissenschaft bei Dr. Harry Torczyner (Tur-Sinai, Naphtali Herz) abgelegt, die wohl anstelle einer geplanten mündlichen Prüfung im Rahmen der Ordination bei Eduard Baneth einberaumt worden war.

7 Ebd. Bl. 12.

8 CJA 1, 75 D Jo 1, Nr. 2, Bl. 15 (datiert vom 9.1.1936).

9 Einstellungsurkunde, CJA 1, 75 D Jo 1, Nr. 14, Bl. 31–32.

10 CJA 1, 75 D Jo 1, Nr. 1, Bl. 43 (datiert vom 19. April 1936) und Bl. 45 (datiert vom 30. Juni 1936).

11 CJA 1, 75 D Jo 1, Nr. 14, Bl. 18.

12 Im Archiv Památník der Gedenkstätte Terezín befindet sich eine Liste mit 23 von Regina Jonas verfassten Vortragsthemen.

13 Regina Jonas: „Über die Seelenfeier". In: Jüdisches Nachrichtenblatt vom 24. Mai 1939 (CJA 1, 75 D Jo 1, Nr. 4, Bl. 2).

14 So zitiert in dem Beitrag „Die Rabbinerin" (vgl. Anm. 4), S. 164. Ebenso: Prüfungsarbeit, Bl. 44.

15 Prüfungsarbeit (vgl. Anm. 1 und 5), Bl. 69.

16 Ebd. Bl. 44 f.

17 Ebd., v.a. Bl. 3 und 22 ff.

18 Näher dazu in Pnina Navè Levinson: Eva und ihre Schwestern. Perspektiven einer jüdisch-feministischen Theologie. Gütersloh: Mohn 1992.

Grußwort
Rabbinerin Sally Priesand
(erste Reformrabbinerin, Ordination 1972)

Contemporary Jewish feminism has taught us that we are richer for the gifts that female rabbis bring to our shared task: rethinking previous models of leadership and opening doors to partnership and networking; discovering new models of divinity, knowing that God embodies characteristics both masculine and feminine; training new leaders to be more gender-aware by welcoming to our institutions of higher learning respected female scholars able to share with us valuable lessons and insights unique to women; creating new role models and allowing to be heard, often for the first time, the stories of those whose voices have been silenced for too long, the countless number of women who have enriched our people from biblical times on.

Thanks to books like this one, future generations will grow up knowing that women have made unique contributions to the history of the Jewish people and that little girls can become rabbis if they want to. What is most exciting about this volume is that the stories contained herein reflect how these women have contributed to the revitalization of Jewish life in Germany, bringing honor in their own way to the memory of Rabbi Regina Jonas, the world's first female rabbi whose story remained hidden to most of us until the fall of the Berlin Wall.

In 2014, I had the honor of visiting Berlin to walk in the footsteps of Regina Jonas with a group of rabbis, scholars and laypeople brought together by the American Jewish Archives and the Jewish Women's Archive. It was an amazing experience leaving a lasting impression on all the members of our group. One of the things I admire most about Rabbi Jonas is that she chose the well-being of her people over her own self-interest. She could have escaped the horrors of the Holocaust but chose instead to accompany her people to the concentration camps, to continue to minister to their needs and help them find meaning and purpose in the values of Jewish tradition. We cannot help but stand in awe of her courage.

All female rabbis, no matter what their denomination or where they live, stand on the shoulders of Regina Jonas. We are proud to do so and prouder still that the women whose stories are included in this book are carrying on her legacy in that part of the world where she lived and died. We wish them well. May their numbers increase!

Rabbi Sally J. Priesand

Der zeitgenössische jüdische Feminismus hat uns gelehrt, dass wir um die Gaben, welche Rabbinerinnen in unsere gemeinsame Aufgabe einbringen, reicher geworden sind: althergebrachte Führungsmodelle zu überdenken und Türen für Partnerschaft und Netzwerke zu öffnen; neue Modelle der Göttlichkeit zu entdecken, in dem Wissen, dass Gott sowohl männliche als auch weibliche Eigenschaften verkörpert; künftigen Führungspersonen in der Ausbildung ein höheres Gender-Bewusstsein zu vermitteln durch das Willkommenheißen von angesehenen Wissenschaftlerinnen an unseren Hochschulen, die uns wertvolle Lehren und Einsichten vermitteln können, wie sie nur Frauen zu eigen sind; neue Rollenmodelle zu schaffen und – oft zum ersten Mal – die Geschichten jener zu Gehör zu bringen, deren Stimmen viel zu lange zum Schweigen gebracht wurden, der unzähligen Frauen, die unser Volk seit den biblischen Zeiten reicher gemacht haben.

Dank Büchern wie diesem werden künftige Generationen in dem Wissen aufwachsen, dass Frauen einzigartige Beiträge zur Geschichte des jüdischen Volkes geleistet haben und dass kleine Mädchen Rabbinerinnen werden können, wenn sie es wollen. Das Spannendste an diesem Band ist, dass die darin enthaltenen Geschichten widerspiegeln, wie diese Frauen zum Wiedererwachen des jüdischen Lebens in Deutschland beigetragen haben und auf ihre Weise das Andenken an Rabbinerin Regina Jonas in Ehren halten, der ersten Rabbinerin der Welt, deren Geschichte den meisten von uns bis zum Fall der Berliner Mauer verborgen geblieben war.

Im Jahr 2014 hatte ich die Ehre, Berlin zu besuchen und gemeinsam mit einer Gruppe von Rabbinern, Wissenschaftlern und Laien, die durch die *American Jewish Archives* und das *Jewish Women's Archive* zusammengebracht worden waren, auf den Fußspuren von Regina Jonas zu wandeln. Es war eine großartige Erfahrung, die bei allen Mitgliedern unserer Gruppe einen bleibenden Eindruck hinterlassen hat. Eines der Dinge, die ich an Rabbinerin Jonas am meisten bewundere, ist, dass sie das Wohl ihres Volkes über ihr eigenes Interesse gestellt hat. Sie hätte den Schrecken des Holocaust entkommen können, entschied sich aber stattdessen dafür, ihr Volk in die Konzentrationslager zu begleiten, um sich weiterhin um ihre Bedürfnisse zu kümmern und ihnen zu helfen, Bedeutung und Sinn in den Werten der jüdischen Tradition zu finden. Wir können nicht anders als ihrem Mut ehrfürchtig gegenüberzustehen.

Alle Rabbinerinnen, egal welcher Strömung sie angehören oder wo sie leben, stehen auf dem Fundament, das Regina Jonas gelegt hat. Wir sind stolz darauf, und noch stolzer sind wir darauf, dass die Frauen, deren Geschichten in diesem Buch enthalten sind, ihr Vermächtnis in dem Teil der Welt weiterführen, wo sie lebte und starb. Wir wünschen ihnen alles Gute. Möge ihre Zahl wachsen!

Rabbinerin Sally J. Priesand

Grußwort Rabbinerin Sandy Eisenberg Sasso

(erste Reconstructionist Rabbinerin, Ordination 1974)

When in 1935, Regina Jonas was ordained in Germany, she became the first woman rabbi in the world. What should have been the beginning of a movement, came to a tragic end in Auschwitz. Regina's story died with her. Today, it is not only her narrative that lives, but her dream. Out of the ashes, Judaism is being reborn. With a past of so much loss and a present marked by increasing antisemitism around the world, it has not been a birth without challenge. Regina taught us what it is required for our time - to be courageous, to have vision, and to persist.

Mazal Tov to the young woman rabbis who are continuing her legacy, who are not only building a memory but a future. What you have chosen to do is not easy. There will be successes and disappointments. Don't let your failures define you. Who you and your communities are matters, but who you and your communities can yet become. even more so.

When I was studying for the rabbinate and considering working toward a PhD, I first considered a dissertation on Women and Judaism, since there was nothing scholarly written on the subject in the early 1970s. I was told, "Write about something important." What you are bringing to the rabbinate, to your Jewish communities is important. Never underestimate your contribution. Don't let those who doubt you or criticize you occupy too much space in your head.

There is a proverb that reminds us – "If you want to walk fast, walk alone. If you want to walk far, walk together." You are together with hundreds of women rabbis from around the world. Remember there is a history and a community that stands with you and by you. May you be blessed and may you be a blessing to others.

Rabbi Sandy Eisenberg Sasso,
Reconstructionist Rabbinical College, 1974, author of
"Regina Persisted – The Story of the First Woman Rabbi"

Als Regina Jonas 1935 in Deutschland ordiniert wurde, war sie die erste Rabbinerin weltweit. Was der Beginn einer Bewegung hätte sein sollen, fand in Auschwitz ein tragisches Ende. Reginas Geschichte starb mit ihr. Heute erzählt man nicht nur ihre Geschichte, sondern ihr Traum lebt.

Das Judentum ist aus der Asche wiedererstanden. Bei einer so verlustreichen Vergangenheit und einer Gegenwart, die von zunehmendem Antisemitismus in der ganzen Welt geprägt ist, war dieses Wiedererstehen nicht ohne Herausforderung. Regina hat uns etwas gelehrt, das für unsere Zeit erforderlich ist – nämlich mutig zu sein, eine Vision zu haben und durchzuhalten.

Mazal Tov den jungen Rabbinerinnen, die ihr Vermächtnis weiterführen, die nicht nur eine Erinnerung aufrechterhalten, sondern eine Zukunft schaffen. Der Weg, den ihr gewählt habt, ist kein leichter. Es wird Erfolge und Enttäuschungen geben. Lasst euch nicht durch Fehlschläge abhalten. Was zählt ist, was ihr und eure Gemeinden heute seid, aber noch mehr zählt, was aus euch und euren Gemeinden in der Zukunft noch werden kann.

Als ich für das Rabbinat studiert habe und eine Promotion in Betracht zog, dachte ich zunächst an eine Dissertation über Frauen und Judentum, da es zu diesem Thema Anfang der 1970er Jahre noch keine wissenschaftlichen Arbeiten gab. Man sagte mir: „Schreiben Sie über etwas Wichtiges". Was ihr dem Rabbinat und euren jüdischen Gemeinden bringt, ist wichtig. Unterschätzt niemals euren Beitrag. Lasst nicht zu, dass diejenigen, die an euch zweifeln oder euch kritisieren, zu viel Raum in euren Gedanken einnehmen.

Es gibt ein Sprichwort, das uns daran erinnert: „Wenn du schnell gehen willst, geh allein. Wenn ihr weit gehen wollt, dann geht zusammen." Ihr seid Teil einer Gemeinschaft von Hunderten von Rabbinerinnen auf der ganzen Welt. Denkt daran, dass die Geschichte und diese Gemeinschaft hinter euch und an eurer Seite stehen.

Seid gesegnet, und möget auch ihr für andere ein Segen sein.

Rabbinerin Sandy Eisenberg Sasso
Reconstructionist Rabbinical College, 1974, Autorin von
„Regina Persisted – The Story of the First Woman Rabbi"[1]

---

1   Regina hielt durch – die Geschichte der ersten Rabbinerin, Anm. d. Übers.

Grußwort Rabbinerin Jacqueline (Jackie) Tabick

(erste Reform-Rabbinerin in Großbritannien, Ordination 1975)

I salute my female colleagues in Germany who are taking upon themselves the difficult but vital role of ensuring positive Jewish growth and continuity in areas still damaged in Jewish terms by the Shoah. Several years ago a group of us went together to visit Theresienstadt where the first woman Rabbi, Regina Jonas, was imprisoned and but where despite all the horror around her, she continued to bring teachings and comfort to our shattered people. It was a humbling experience. How much courage and faith our predecessor showed! What a shining light in those dark days! And yet, because she was a woman, memory of her great deeds and philosophy of life was forgotten until her thesis was ‚accidentally' found many years later. Why the inverted commas? Because to the religious mind there are no coincidences. The people she worked with may have erased all memory of her from their minds, but God remembers, and as a group, we felt and understood how important it was to read her teachings and incorporate them in our work today. So, telling the inspirational stories of these new religious teachers will, I am sure, enhance the work they do and will bring the values that Judaism espouses to a wider and younger audience. Kol hakavod! May God grant you strength".

Ich grüße meine Kolleginnen in Deutschland, die sich der schwierigen, aber essentiellen Aufgabe annehmen, positives jüdisches Wachstum und Kontinuität zu gewährleisten an Orten, die in jüdischer Hinsicht immer noch durch die Schoa belastet sind. Vor einigen Jahren besuchte eine Gruppe von uns gemeinsam Theresienstadt, wo die erste Rabbinerin, Regina Jonas, inhaftiert war, und wo sie trotz allen Schreckens um sie herum unser zerschlagenes Volk weiterhin lehrte und ihm Trost spendete. Es war eine demütig machende Erfahrung. Wie viel Mut und Glaubensstärke hat unsere Vorgängerin gezeigt! Welch ein strahlendes Licht in jenen finsteren Tagen! Und doch, weil sie eine Frau war, geriet die Erinnerung an ihre großen Taten und ihre Weltanschauung in Vergessenheit, bis ihre rabbinische These „durch Zufall" viele Jahre später entdeckt wurde. Warum die Anführungszeichen? Weil es nach religiösem Verständnis keine Zufälle gibt. Die Menschen, mit denen sie gearbeitet hat, mögen sämtliche Erinnerungen an sie aus ihrem Gedächtnis getilgt haben, aber Gott bewahrt die Erinnerung, und unsere ganze Gruppe spürte und verstand, wie wichtig es war, ihre Lehren zu lesen und sie in unsere heutige Arbeit einzubeziehen. Ich bin mir sicher, dass durch das Erzählen der inspirierenden Geschichten dieser neuen religiösen Lehrerinnen ihre Arbeit gefördert und die Werte, für die das Judentum steht, einem breiteren und jüngeren Publikum nahe gebracht werden. Kol hakavod! „Möge Gott euch Stärke verleihen."

Grußwort Rabbinerin Amy Eilberg

(erste konservative Rabbinerin, Ordination 1985)

I am moved and delighted to offer greetings upon the publication of this very special volume about women rabbis in Germany in the 21st century. This is a profoundly meaningful exploration, partly because the history of women rabbis began in Germany, with Regina Jonas' heroic journey to the rabbinate and her inspired leadership until her death during the Sho'ah.

In the late 20th century, the focus of rabbinic leadership by women shifted primarily to North America, where by the end of the century, hundreds of women rabbis were serving congregations and communities in a whole range of roles. During these years, women have brought their characteristic gifts of leadership to the synagogue, educational settings, Jewish community centers, hospitals, Jewish communal organizations, and other forms of service. Women rabbis have brought their deeply-felt desire to serve, their creativity, and their particular sensitivity, born of having been excluded from the rabbinate until very recently.

Judaism has been immeasurably enriched by their service.

During the 21st century, we have seen the first institutional ordination of an Orthodox rabbi (in the U.S.), the emergence of a yeshiva to train Orthodox women rabbis, and the emergence of institutions in Israel willing to ordain women. Thus, the gifts, passions, and creativity of women rabbis are now available to Orthodox Jews as well, and their institutions greatly enhanced.

During this time, women have begun to serve Jewish communities in many different places in Europe. But to see women rabbis now serving in Germany is a very special blessing. The resurgence of vibrant Jewish life in Germany is surely one of the miracles of our time. The presence of women rabbis brings untold beauty, empathy, creativity, and devotion to these emerging communities, in a way that Jews around the world find wondrous and joyful.

Therefore I congratulate you on this important volume, bringing the work of Germany's women rabbis to the attention of the world community, so that we may all celebrate you and offer you blessings.

May your work bring boundless blessing to the communities you serve, and may your holy work nourish your own neshamot as you follow your sacred path.

B'chavod rav,
Rabbi Amy Eilberg
(First Woman Ordained by Conservative Movement, 1985)

Ich bin gerührt, und ich freue mich, Grußworte zur Veröffentlichung dieses so besonderen Buches über Rabbinerinnen in Deutschland im 21. Jahrhundert an Sie richten zu dürfen. Dies ist ein ausgesprochen bedeutsames Unterfangen, auch weil die Geschichte der Rabbinerinnen ihren Anfang in Deutschland nahm mit dem heldenhaften Weg von Regina Jonas zum Rabbinat und ihrer inspirierenden Führungsrolle bis zu ihrem Tod während der Schoa.

Im späten 20. Jahrhundert verlagerte sich der Schwerpunkt der rabbinischen Führung durch Frauen vorwiegend nach Nordamerika, wo Ende des vergangenen Jahrhunderts Hunderte von Rabbinerinnen ihren Dienst in den Gemeinden mit einer ganzen Bandbreite von Aufgaben versahen. In diesen Jahren brachten Frauen ihre charakteristischen Führungstalente in Synagogen, Bildungseinrichtungen, jüdische Gemeindezentren, Krankenhäuser, jüdische Gemeindeorganisationen und andere Institutionen ein. Rabbinerinnen haben in ihrem tiefgreifenden Wunsch, ihr Amt auszuüben, ihre Kreativität und ihre besondere Sensibilität eingebracht, entstanden aus der Tatsache, dass sie noch bis vor Kurzem vom Rabbinat ausgeschlossen waren. Das Judentum ist durch ihren Dienst unermesslich bereichert worden.

Im 21. Jahrhundert haben wir die erste institutionelle Ordination einer orthodoxen Rabbinerin (in den USA) erlebt, die Entstehung einer Jeschiwa zur Ausbildung von orthodoxen Rabbinerinnen und das Entstehen von Institutionen in Israel, die bereit sind, Frauen zu ordinieren. Somit stehen die Begabungen, Leidenschaften und die Kreativität von Rabbinerinnen nun auch orthodoxen Juden zur Verfügung, und ihre Einrichtungen wurden dadurch erheblich verbessert.

Während dieser Zeit haben Frauen nach und nach ihren Dienst in jüdischen Gemeinden an vielen verschiedenen Orten in Europa aufgenommen. Aber zu sehen, wie Rabbinerinnen jetzt in Deutschland ihren Dienst versehen, ist ein ganz besonderer Segen. Das Wiedererstehen

27

eines blühenden jüdischen Lebens in Deutschland ist sicherlich eines der Wunder unserer Zeit. Die Anwesenheit von Rabbinerinnen bringt diesen aufstrebenden Gemeinden unbeschreiblich Schönes, Einfühlungsvermögen, Kreativität und Hingabe, und zwar auf eine Weise, die Juden auf der ganzen Welt wunderbar und erfreulich finden.

Daher gratuliere ich Ihnen zu diesem wichtigen Band, der die Arbeit der deutschen Rabbinerinnen in der Weltgemeinschaft bekannt macht, so dass wir alle Sie ehren und Ihnen unseren Segen entbieten können.

Möge Ihre Arbeit den Gemeinden, denen Sie dienen, grenzenlosen Segen bringen, und möge Ihre heilige Arbeit Ihre eigenen Neschamot[1] nähren, während Sie Ihrem heiligen Weg folgen.

B'chavod rav[2],

Rabbinerin Amy Eilberg

(Erste von der konservativen Bewegung ordinierte Frau, 1985)

---

1 Seelen (hebr.).

2 Mit großer Hochachtung (hebr.).

Grußwort Rabba
Sara Hurwitz
(erste orthodoxe Rabbinerin,
Ordination 2009)

Many people ask me if I ever had that "aha moment", that moment when I knew I wanted to be a rabbi. When I was in high school, there were no female Orthodox rabbis, no role models for me to emulate, and I didn't think that entering the rabbinate was an option. I had heard about the struggle of some brave women who broke through their glass ceilings in other denominations – Rabbi Sally Priesand, Rabbi Sandy Sasso, and Rabbi Amy Eilberg. I did not think I had what it takes to blaze the path within the Orthodox movement.

And then I learned about Rabbiner Regina Jonas, the first ordained woman rabbi in history. A woman who faced animosity and uncertainty about her choice to pursue the rabbinate. A woman who had to defend her passion for spiritual leadership. A woman who I would have looked to as a mentor, had she not been deported to Auschwitz and murdered by the Nazis in December 1944. And, if I listened closely to her soft and still voice, I know I would have heard her whispering: "pursue your dream. And carry on what I could not."

Rabbiner Regina Jonas broke through a barrier. And now I, and many other women, including those portrayed in this book, proudly carry her strength and courage forward. We will continue her journey and become role models for those who want to pursue this path of Torah and service, inspiring their "aha moments" to become rabbis. Thank you to Rabbi Dr. A. Yael Deusel for high-lighting and celebrating the women who carry this responsibility with grace as we each make our mark in the world.

Viele Leute fragen mich, ob ich jemals diesen „Aha-Moment" hatte, diesen Moment, in dem ich wusste, dass ich Rabbinerin werden wollte. Als ich in der Highschool war, gab es keine orthodoxen Rabbinerinnen, keine Vorbilder, denen ich nacheifern konnte, und ich hätte nicht gedacht, dass der Eintritt ins Rabbinat für mich möglich wäre. Ich hatte vom Kampf einiger mutiger Frauen gehört, die in anderen Strömungen bereits die Tabus überwunden hatten – Rabbinerin Sally Priesand, Rabbinerin Sandy Sasso und Rabbinerin Amy Eilberg. Ich dachte aber nicht, dass ich das Zeug dazu hätte, den Weg innerhalb der orthodoxen Bewegung zu bahnen.

Und dann erfuhr ich von Rabbinerin Regina Jonas, der ersten ordinierten Rabbinerin der Geschichte. Eine Frau, die mit Feindseligkeit und Unsicherheit bezüglich ihrer Wahl, das Rabbinat anzustreben, konfrontiert war. Eine Frau, die ihre Leidenschaft für spirituelle Führung verteidigen musste. Eine Frau, die ich mir als Mentorin gewählt hätte, wäre sie nicht nach Auschwitz deportiert und im Dezember 1944 von den Nazis ermordet worden. Und wenn ich aufmerksam ihrer sanften und ruhigen Stimme gelauscht hätte, weiß ich, dass ich sie hätte flüstern hören können: „Folge deinem Traum. Und führe weiter, was mir nicht vergönnt war."

Rabbinerin Regina Jonas hat eine Grenze durchbrochen. Und nun tragen ich und viele andere Frauen, einschließlich jener, die in diesem Buch porträtiert werden, stolz ihre Stärke und ihren Mut weiter. Wir werden ihren Weg fortsetzen und zu Vorbildern für diejenigen werden, die diesem Pfad der Tora und des Dienstes folgen wollen, werden ihre

„Aha-Momente" auslösen, Rabbinerinnen zu werden. Vielen Dank an Rabbinerin Dr. A. Yael Deusel für das Hervorheben und Bekanntmachen der Frauen, die diese Verantwortung mit Würde tragen, denn jede von uns hinterlässt ihre Spuren in der Welt.

Rabbinerinnen in Deutschland

Folgende Rabbinerinnen waren bzw. sind derzeit in Deutschland tätig oder haben ihre Smicha (Ordination) hier erhalten.

Jasmin Andriani, ordiniert durch das Abraham Geiger Kolleg, Potsdam/Berlin, 2020

Dr. Antje Yael Deusel, ordiniert durch das Abraham Geiger Kolleg, Potsdam/Berlin, 2011

Gesa Shira Ederberg, Schechter Institute, Jerusalem, erhielt ihre Smicha 2002

Prof. Dr. Eveline Goodman-Thau, erhielt ihre private Smicha von Rabbiner Jonathan Chipman in Jerusalem 2000

Esther Jonas-Märtin, ordiniert durch die Ziegler School of Rabbinic Studies, Los Angeles, 2017

Anita Kántor, ordiniert durch das Abraham Geiger Kolleg, Potsdam/Berlin, 2020

Prof. Dr. Elisa Klapheck, ordiniert durch das Aleph Rabbinic Program, Philadelphia, 2004

Prof. Dr. Birgit E. Klein, ordiniert durch das Reconstructionist Rabbinical College, Wyncote, 2017

Diane Tiferet Lakein, ordiniert durch das Aleph Rabbinic Program, Philadelphia, 2017

Julia Margolis, ordiniert durch das Abraham Geiger Kolleg, Potsdam/Berlin, 2014

Dr. Sabine Meyer, ordiniert durch das Hebrew Union College-Jewish Institute of Religion, Los Angeles, 2006

Lea Mühlstein, ordiniert durch das Leo Baeck College, London, 2012

Dr. Ulrike Offenberg, ordiniert durch das Hebrew Union College, Jerusalem, 2016

Dr. Sonja Keren Pilz, ordiniert durch das Abraham Geiger Kolleg, Potsdam/Berlin, 2015

Irit Shillor, ordiniert durch das Leo Baeck College, London, 1983

Nitzan Stein Kokin, ordiniert durch das Zacharias Frankel College, Potsdam/Berlin, 2017

Ute Steyer, ordiniert durch das Jewish Theological Seminary, New York, 2009

Daniela Thau, ordiniert durch das Leo Baeck College, London, 1983

Alina Treiger, ordiniert durch das Abraham Geiger Kolleg, Potsdam/Berlin, 2010

Natalia Verzhbovska, ordiniert durch das Abraham Geiger Kolleg, Potsdam/Berlin, 2015

Bea Wyler, ordiniert durch das Jewish Theological Seminary, New York, 1995

(Stand: November 2020, alle Angaben ohne Gewähr)

Editorische Notiz
der Herausgeber

Die Idee zu diesem Buch entstand schon vor einigen Jahren. Die Grundlage bildete dabei die Erinnerung an die Berliner Rabbinerin Regina Jonas (1902–1944), die erste ordinierte Rabbinerin überhaupt. Nicht nur ihr Wirken, sondern auch das ihrer Nachfolgerinnen im geistlichen Amt ist außerhalb des Judentums in Deutschland bislang kaum bekannt.

Der vorliegende Gesprächsband stellt unterschiedliche Rabbinerinnen und ihre Arbeit in Deutschland vor. Der Bogen spannt sich von der Schweizerin Bea Wyler, die als erster weiblicher Rabbiner in Deutschland nach der Schoa die Gemeinden in Braunschweig und Oldenburg betreute, und die in Jerusalem geborene Rabbinerin Irit Shillor, bis Ende 2016 in Hameln, heute in Großbritannien, bis hin zu den Rabbinerinnen, die aktuell in den jüdischen Gemeinden Deutschlands tätig sind. Nicht alle von ihnen sind in diesem Buch mit einem eigenen Kapitel vertreten. Dies würde auch die Möglichkeiten einer solchen Publikation übersteigen.

Dem Text liegen teilweise Interviews des Journalisten Rocco Thiede zugrunde, der in den vergangenen Jahren zu diesem Thema auch Reportagen im Rundfunk und in den Printmedien produzierte. Die einzelnen Kapitel wurden von den jeweiligen Rabbinerinnen im Weiteren grundlegend bearbeitet oder auch selbst verfasst, wobei Rabbinerin Yael Deusel beratend zur Seite stand. Die Texte erhielten dadurch ihren individuellen Charakter.

Ohne die vielen finanziellen und ideellen Unterstützer unseres Projekts hätten wir das Buch nicht verwirklichen können. Ihnen gilt unser besonderer Dank. Ebenso danken wir allen Rabbinerinnen, die an diesem Buch mitgewirkt haben, vom schweizerischen Aargau über London und Leipzig, Berlin, Frankfurt, Bamberg, Freiburg, Köln, Bonn bis nach Hameln und Oldenburg, sowie Rachel Herweg von Bet Debora für ihre Einführung und der evangelischen Theologin Katharina von Kellenbach für ihr Nachwort. Und natürlich gilt unser herzlicher Dank unserer Verlegerin Nora Pester, die die Entwicklung des Buches über all die Jahre produktiv begleitete, uns bei Stagnation Mut machte und mit kreativen Ideen den Entstehungsprozess voranbrachte. Die sehr berührenden Grußworte der historisch bedeutsamen Rabbinerinnen Sally J. Priesand, Sandy Eisenberg Sasso, Jaqueline Tabick, Amy Eilberg und Sara Hurwitz sind für uns bisher das schönste Dankeschön für die lange Arbeit an unserem Buch, und gleichzeitig eine Hommage an Reginas Erbinnen – an alle Frauen, die ihr im rabbinischen Amt nachgefolgt sind.

Eine bereichernde und interessante Lektüre wünschen
Ihnen die Herausgeber

Rabb. Dr. A. Yael Deusel und Rocco Thiede,
Berlin im Herbst 2020

© Emily Silverman

Rabbiner Bea Wyler
„Die Aufbauarbeit wirkt bis heute und trägt Früchte."

Nach der Schoa war die Schweizerin Bea Wyler in Niedersachsen die erste Frau, die als Gemeinderabbiner in Deutschland wirkte. Ihre Biographie ist durch stete Selbstreflexionen, Mut für Neues und vor allem das permanente Lernen geprägt. Ein Treffen mit Rabbiner Wyler im Aargau, einer Pionierin und beeindruckenden Frau, die es auf ihrem Weg nicht immer leicht hatte.

Der gedankliche Austausch mit Bea Wyler findet in Wettingen, kurz vor der Stadtgrenze von Baden in der Schweiz statt. In dem nicht sehr großen Wohngebäude lebte die 1951 geborene Bea Wyler mit ihren Eltern und zwei Geschwistern: „Ich bin in diesem Haus aufgewachsen. Mein Großvater hat es Mitte der dreißiger Jahre gekauft. Baden ist ein sehr traditionelles Städtchen. Die Ortsgrenze ist da vorne bei der Straße und Wettingen war einst ein Kloster- und Bauerndorf", erzählt sie noch in der Eingangstür.

In Wettingen, wo in den zwanziger und dreißiger Jahren im vergangenen Jahrhundert durch die expandierende Maschinen- und Elektrotechnikfabrik von Brown-Boveri und Cie. ein Bauboom einsetzte, benötigte man für die Fabrikmitarbeiter neue Siedlungsgebiete. Erst wurde die alte und schmale Brücke aus Holz über die Limmat zwischen Wettingen und Baden durch eine breitere und größere aus Stein ergänzt und „dann ging es rasant mit dem Häusle Bauen los", erklärt Frau Wyler.

Im nahe gelegenen Baden gibt es eine kleine, aber schöne Jugendstilsynagoge. In der jüdischen Gemeinde besuchte Bea Wyler zwei Mal in der Woche den Religionsunterricht und lernte seit der ersten Klasse Hebräisch Lesen. „Jüdische Schulen gab es in Zürich und Basel – in Baden leider nicht. Aber die Feiern der jüdischen Feste und Feiertage fanden hier in der kleinen Gemeinde in Baden statt."

Obwohl Bea Wyler nun im Rentenalter ist – als gemächliche Ruheständlerin darf man sie sich nicht vorstellen. Nachdem die erste Frau Gemeinderabbiner nach der Schoa in Deutschland vor gut anderthalb Jahrzehnten in ihre Schweizer Heimat zurückging und mittlerweile auch hier in Basel und Zürich in den jüdischen Gemeinden nicht mehr aktiv ist, hat sie sich für ihre Pensionszeit viel vorgenommen: Sie will Portugiesisch lernen und Saxophon spielen sowie Blätterteig herstellen können. Bea Wyler hat zudem eine alte Leidenschaft für sich wiederentdeckt: das Kochen – bevorzugt mit Gemüse und Kräutern aus dem kleinen Garten hinter dem Haus im aargauischen Wettingen. „Ich habe immer gerne gekocht und jetzt einfach mehr Zeit, auch hier Neues auszuprobieren." Mit dem Saxophonspielen hätte es noch nicht geklappt, aber Klavier spiele sie wieder. In der freien Zeit gehe sie zudem gern ins Kino. Und einmal in der Woche ist sie die „Mittwoch-Oma" bei ihren Großnichten und -neffen.

„The Conservative Movement, auch Masorti genannt, ist eine Weltorganisation"

Rabbiner Bea Wyler gilt als erste „Frau Rabbiner" nach dem Zweiten Weltkrieg in Deutschland. Kaum spricht man dies aus, korrigiert sie den Interviewer charmant: „Nein, ich war nicht die Erste in Deutschland. Ich war die Erste, die ansässig war und zwei Gemeinderabbinate hatte. Es gab da Vorgängerinnen, etwa bei den US-amerikanischen Streitkräften. Aber schon damals war es fragwürdig, ob die Zeit reif ist für Frauen im Rabbinat in Deutschland." Sie führt ihre Arbeit als Rabbiner auch auf die Entschlossenheit der damaligen Präsidentinnen der Jüdischen Gemeinden in Oldenburg und Braunschweig wie Sara-Ruth Schumann und Renate Wagner-Redding zurück. „Die hatten den Mut und ich hatte ebenso den Mut. Daraus wurde dann eine sehr gute Zeit für die jungen jüdischen Gemeinden."

Rabbiner Wyler gehört der konservativen Strömung in der jüdischen Glaubensgemeinschaft an. Das ist ihre religiöse Heimat: „The Conservative Movement, auch Masorti genannt, ist eine Weltorganisation, die auf Zacharias Frankel zurückgeht." Rabbiner Frankel (geboren 1801 in Prag und gestorben 1875 in Breslau) war ein Vorkämpfer für die Gleichstellung von Juden mit den Christen. Als Gründungsdirektor des Theologisch-Jüdischen Seminars in Breslau formulierte er im 19. Jahrhundert sein Programm des „historisch-positiven Judentums" als Antwort auf das liberale Reformjudentum. Aus Zacharias Frankels kritisch-konservativer Haltung, die sich zwischen Reformjudentum und jüdischer Orthodoxie verortet, ging in den USA der „Conservative Judaism" mit dem 1886 in New York gegründeten „Jewish Theological Seminary" hervor.

Das Judentum kennt viele Wege und hat viele Strömungen von ultra-orthodox, orthodox, über reform, konservativ, rekonstruktionistisch bis liberal. Zu ihrer religiösen Herkunft sagt Rabbiner Wyler: „Ich komme aus einem relativ traditionellen, aber doch liberalen Haus. Wir lebten jüdische Tradition, auch wenn unser Haushalt nicht koscher war. Meine Eltern sind in das jüdische Gemeindeleben Badens hineingewachsen, als meine Geschwister und ich bereits nicht mehr zu Hause wohnten."

„Meine Bat Mitzwa wurde nicht vergessen, sondern die hat nicht stattgefunden"

Sie selbst hätte sich damals „beinahe verabschiedet von allem Jüdischen. Aber dann hat Gott in mein Leben eingegriffen und mir die richtigen Leute vorbeigeschickt." Doch dazu später, denn als junges Mädchen musste Bea Wyler im Unterschied zu ihren Brüdern dem Gottesdienst von der Galerie ihrer Synagoge folgen. Diese Ausgrenzung wollte sie später nicht länger hinnehmen. Auch das jüdische Ritual zur Religionsmündigkeit blieb ihr versagt: „Meine Brüder hatten eine Bar Mitzwa, aber meine Bat Mitzwa wurde nicht vergessen, sondern die hat nicht stattgefunden. Das fand ich unerträglich. Ich kann in der Schweiz Staatsanwältin werden. Ich kann eine eigene Arztpraxis aufmachen. Ich kann ein Notariat, eine Anwaltskanzlei eröffnen, ich kann Bundesrat werden – aber in der Synagoge zähle ich nicht. Es war zu meiner Zeit schwierig, sich als Mädchen durchzusetzen."

Studium an der ETH Zürich – Ingenieur Agronom – Erste Berufsstationen

„Fragen Sie mich etwas über Geflügelzucht – ich kann Ihnen Auskunft geben", sagt sie lachend und schlägt damit eine Brücke zu ihrem Studium an der ETH Zürich in den 1970er Jahren. Warum fasste sie den Berufswunsch, Ingenieur Agronom zu werden? „Weil ich mich mit den Ungerechtigkeiten dieser Welt nicht arrangieren wollte. Das hat sehr viel mit dem Leben und Entstehen zu tun. Ich war damals felsenfest davon überzeugt, dass man die hungernde Welt sehr wohl ernähren kann, wenn man das landwirtschaftlich richtig angeht." Als sie aber merkte, „dass der Welthunger ein politisches und nicht ein biologisches Problem ist", stellte sich „ein großes Stück Ernüchterung" bei ihr ein.

Auf ihren Abschluss als „Eidgenössisch diplomierter Ingenieur Agronom" 1975 folgte eine erste Anstellung als Außendienstmitarbeiterin für die gesamte Schweiz bei einer mittelständischen Futtermühle. Nach einigen Jahren nahm sie das Angebot für eine Assistenzstelle an der ETH Zürich an. Hier war sie zum Beispiel an Versuchen für die Nahrungsoptimierung von Legehennen beteiligt oder prüfte die Qualität von Eierschalen bei Hühnern. Anfang der achtziger Jahre fing Bea Wyler einen neuen Job an. „Dann habe ich bei einer Zeitung, dem ‚Tagesanzeiger', in der Redaktion angeheuert." Die Tageszeitungsluft hätte ihr „sehr behagt" und als die *Basler Zeitung* einen Wissenschaftsjournalisten suchte, bewarb sie sich, bekam den Job und zog an den Rhein nach Basel. Aber auch das war noch nicht ihre letzte Anstellung. Nach einem Zwischenspiel in der Chemiebranche deutet sich für Bea Wyler der wohl wichtigste berufliche Wechsel in ihrem Leben an, als sie binnen eines Jahres zwei besondere Amerikanerinnen traf.

„Was diese Frauen können, das kann ich eigentlich auch"

„Ich hatte Mitte meiner dreißiger Jahre eine vorgezogene Midlifecrisis und war mit allem nicht mehr zufrieden", sagt sie. In einer jüdischen Gruppe, mit der sie sich regelmäßig in Basel traf, sprach sie zum ersten Mal mit einer Rabbinerin aus den USA und wenige Monate später nochmals mit einer. „Und wie so oft in meinem Leben habe ich dann gesagt, was diese Frauen können, das kann ich eigentlich auch." Und so reifte in ihr der Wunsch, Rabbiner werden zu wollen.

In der Konsequenz kündigte sie ihre Stelle und ging für mehrere Monate nach Israel. Dort lernte Bea Wyler intensiv Hebräisch sprechen, lesen und schreiben. Um Rabbiner zu werden, wollte sie nicht extra in die USA reisen. Deshalb bewarb sie sich am Leo Baeck College in London. „Doch weil mein Englisch damals noch nicht so perfekt war und ich sprachlich für die Interviews zur Aufnahmeprüfung fit sein wollte, hatte ich einen ungewöhnlichen Plan: Hyde Park: Speakers Corner!" Als sie davon ihren Prüfern am Rabbiner-College erzählte, „da dachten die, ich sei vom Mond heruntergekommen, so eine wilde Idee hatte vor mir noch niemand", sagt sie laut lachend. In London am Leo Baeck College war sie nicht die einzige Studentin. Auch im Lehrkörper gab es bereits Frauen.

„Mein erster Israel-Aufenthalt gehörte nicht zur Rabbinerausbildung, sondern war in erster Linie dem Sprachstudium gewidmet." In Jerusalem kam sie in Kontakt „zum Conservative Movement. Das hat mich akademisch mehr angesprochen als die liberale Richtung und so beschloss ich, meine Schule zu wechseln." Nur dafür musste sie nun doch in die USA – erst einmal zu einer Reihe von Interviews. Also flog sie nach New York. „In Amerika konnten sie es gar nicht begreifen, dass jemand wie ich, mit einer solchen Herkunft noch nie in den USA war", erzählt sie schmunzelnd. Sie bestand alles, wurde aufgenommen und durchlief am Jewish Theological Seminary das Studienprogramm. „Ich habe dort sehr viele wichtige Dinge für mein Rabbinat gelernt." Dazu hätte erneut ein Studienjahr in Israel gehört. Aber Bea Wyler hatte den dringenden Wunsch, nach dem Mauerfall nach Deutschland zu gehen. „Da passiert jetzt so viel in Europa und ich muss dabei sein! Meine Lehrer waren nicht so einsichtig und ich musste bei ihnen hart für meinen Entschluss kämpfen." In den USA als Rabbiner zu arbeiten, „das war keine Alternative für mich. Ich hatte nie die Absicht dort zu bleiben. Das konnten die Amerikaner nicht verstehen."

So kam Bea Wyler von 1992 bis 1993 nach Berlin. Nach dieser Zeit in der deutschen Hauptstadt musste sie noch einmal für zwei Jahre nach New York ans Jewish Theological Seminary, um ihre Ausbildung abzuschließen. „Und dann wurde ich 1995 ordiniert", sagt sie stolz. Mit 44 Jahren war Bea Wyler endlich Rabbiner. Sie wollte nun die großen Veränderungen mitgestalten, nicht unbedingt im politischen Machtzentrum Deutschlands, sondern in der norddeutschen Provinz bot sich eine Chance für sie.

Oldenburg: Eine Schweizerin in Norddeutschland

Durch die jüdischen Zuwanderer aus der ehemaligen Sowjetunion kamen in jenen Jahren viele Juden nach Deutschland und neue jüdische Gemeinden entstanden oder wurden wiederbelebt. Bea Wyler sagte sich: „Da möchte ich gern gestaltend dabei sein, nicht an der Hauptstraße in Berlin, sondern an der Wilhelmstraße, der heutigen Leo-Trepp-Straße, in Oldenburg. Denn dort war es viel einfacher all diese verrückten Sachen zu machen, die ich in Berlin niemals hätte umsetzen können. Berlin kam für mich damals nicht in Frage, u. a. weil die Berliner Jüdische Gemeinde keine Frauen haben wollte."

Warum ausgerechnet Oldenburg? Wie kommt eine Schweizerin nach Norddeutschland? Der Landesverband der jüdischen Gemeinden Niedersachsens meldete sich beim Jewish Theological Seminary in New York, weil zu jener Zeit in Oldenburg und Braunschweig jüdische Gemeinden wiedergegründet wurden. Sie suchten dringend einen Rabbiner. „Da waren Jewish Professionals gefragt. Ich wurde nach Oldenburg für Pessach eingeladen, um zum Auftakt mit der Gemeinde den Seder zu feiern." An diesem Abend, der von der Rettung der Israeliten aus der Sklaverei des Pharaos und ihrem Auszug aus Ägypten erinnert, werden Texte aus der Haggada gelesen und traditionelle Lieder gesungen sowie festlich gegessen und getrunken. „Alle essen zusammen die Mazza, das ungesäuerte Brot, dann Bitterkraut und andere Speisen mit symbolischer Bedeutung." Es schien der Gemeinde zu gefallen, wie Bea Wyler die Feierlichkeiten zelebrierte, „denn schon zu den Hohen Festtagen also Rosch Haschana und Jom Kippur, haben sie mich wieder eingeladen. Und irgendwann einmal war mein Studium zu Ende und dann haben sie gesagt, jetzt holen wir sie ganz zu uns."

Für Bea Wyler begann nun ihre Tätigkeit als Gemeinderabbiner „mit einer 75-Prozent-Stelle an zwei Orten", also eine Zeit des Pendelns zwischen Braunschweig und Oldenburg. Die 260 Kilometer – manches Mal mehrfach in der Woche – legte sie in der Regel mit der Bundesbahn zurück. „Das waren regelmäßig 30 Stunden Bahnfahrten im Monat mit dem durchgehenden Zug von Oldenburg nach Berlin, der auch in Braunschweig stoppte." Zusätzlich zur Gemeindearbeit erhielt sie an der Universität in Oldenburg eine Viertelstelle, um dort mit anderen einen Studiengang für Judaistik aufzubauen. „Ich allein war das Rabbinical Department und hatte drei Teilzeitstellen und damit am Monatsende zwar ein volles Gehalt, aber auch 200 Prozent Arbeit."

Die Schwerpunkte ihrer Arbeit in den jüdischen Gemeinden in Oldenburg und Braunschweig fasst Bea Wyler folgendermaßen zusammen: „Ein Rabbinat ist ein fünfbeiniges Geschöpf: Es sind Gottesdienste, Talmud-Tora, also die religiöse Unterweisung für Kinder und Erwachsene, die Seelsorge, die Beziehungspflege nach außen und die persönliche Weiterbildung. Das fünfte und für mich wichtigste Standbein, weil es oft vernachlässigt wird, das ist die eigene Weiterbildung."

Ihr Motto: Mehr Lernen und Lehren – weniger die Seelsorge

Als Rabbiner hat sie immer klare Schwerpunkte in ihrer Arbeit gesetzt. Mehr Lernen und Lehren war ihr Motto und weniger die Seelsorge. „Die hat mich echt nie interessiert. Mein größter Erfolg in Oldenburg war nicht einmal wöchentlich Tora Lernen und mindestens einmal im Monat Gottesdienst, sondern, dass meine Gemeindemitglieder anfingen, lernen zu wollen und sagen das ist meine Tora. Darauf war ich rückblickend stolz. Ich habe mein Rabbinat immer als ein Lehrendes und auch Lernendes verstanden." Wenn ihre Gemeindemitglieder in ihre Sprechstunde kamen, weil sie irgendetwas plagte, „wollte ich sie ausrüsten mit den jüdischen Vorstellungen, wie man ihre privaten Probleme löst, so dass sie am Ende selber entscheiden können, was zu tun ist. Und in manchen Fällen hat das funktioniert und in manchen Fällen nicht", bilanziert sie nüchtern.

Sie wollte immer eine selbstbewusste, selbstbestimmte jüdische Gemeinde. „Genau, das war mein Ziel, dass aus Gemeindemitgliedern oder aus Juden von jeder Couleur mündige Juden werden. Die sich auskennen in ihrer Tradition und wissen, was sie wollen und es Möglichkeiten gibt, ihre Wünsche mit der Tradition in Übereinkunft zu bringen." Sie habe auch Übertritts- oder Eintrittsprogramme angeboten. Zu den Konvertiten sagte sie: „Ich will keine Talmud-Professoren aus euch machen, sondern ihr sollt das kleine ABC des Judentums kennen und ich will, dass ihr immer weiter lernt." Hier sieht sie rückblickend auch ihre größte Wirkung. „Mein größter Moment in meinem Rabbinat in Oldenburg und Braunschweig war, als die Leute anfingen, nicht mehr die Tora, sondern *ihre* Tora zu lesen. Und was sie daraus machen, das liegt an ihnen und nicht an mir, nicht an dem Oberrabbiner oder einem anderen Lehrer."

„Die Einheitsgemeinde ist das Beste, was uns passieren kann"

„Ich bin nach wie vor eine Verfechterin der Einheitsgemeinde." Der Organisationsform von jüdischen Einheitsgemeinden, die es auch im Norden Deutschlands gab, kann Rabbiner Bea Wyler bis heute einiges abgewinnen. „Es ist ein politischer Begriff aus dem 19. Jahrhundert. Die städtischen Behörden wollten es nicht mit sieben verschiedenen Gemeinden zu tun haben und haben die Juden dann dazu verknurrt, Einheitsgemeinden zu gründen. In Berlin gibt es eine Einheitsgemeinde mit fünf oder sechs Synagogen unter einem Dach. Also unter einem politischen Dach, nicht Gebäudedach", berichtet sie. Das sei aus ihrer Sicht gar kein schlechtes Modell. Schwieriger sei es in kleinen Gemeinden mit weniger als 300 Mitgliedern und mit verschiedenen Strömungen aus dem Judentum, wie liberal, konservativ oder orthodox. „In Oldenburg habe ich immer gesagt: Die Einheitsgemeinde ist das Beste, was uns passieren kann. Wir haben eine schöne Auswahl von Programmen in unserer Gemeinde, zwar nicht für jedermann und nicht für jede Frau. Also die 90-jährige Frau, die will ich auf dem Kinderausflug nicht dabeihaben", gibt sie ein Beispiel.

Als Gemeindemitglieder zu ihr kamen und klagten, sie können nicht in einem egalitären Gottesdienst beten, weil das nicht der Tradition entspräche, „das war zwar schade, aber ich schlug ihnen vor, zu den Lernveranstaltungen, den Tora-Vorlesungen oder zum Kiddusch zu kommen." Doch ihr Angebot ging ins Leere. Es gab sogar Familien, die mit Rabbiner Wylers Vorgehen überhaupt nicht einverstanden waren und die sich dann öffentlich kritisch über sie äußerten. „Die haben dafür gesorgt, dass zum Beispiel in der jüdischen Presse zu lesen war, ich schließe sie aus dem Gemeindeleben aus. That's not true!", empört sie sich noch heute. „Ihr schließt euch selber aus. Wir haben so viele Programme und ihr seid herzlich eingeladen. Aber am Ende waren sie nie da: auch nicht zum Schabbatgottesdienst." Rabbiner Bea Wyler hätte nach eigener Aussage nichts dagegen gehabt, wenn sich innerhalb ihrer Einheitsgemeinde eine orthodoxe Gruppe formiert hätte. Doch nur unter bestimmten Bedingungen: „Erstens darf es keine Konkurrenz zum vorhandenen Gemeindeleben werden. Zweitens müsst ihr euch an die Vorschriften halten. Und die Vorschriften gebe ich aus!"

In diesen Kontext fällt auch die vielfach kolportierte Geschichte mit dem damaligen Präsidenten des Zentralrates der Juden in Deutschland Ignatz Bubis. „Herr Bubis hat uns über die Medien wissen lassen, dass er nie einen Gottesdienst bei uns besuchen würde, weil die Gemeinde geschlechtergleichberechtigt ist. Und dann haben wir ihn auch über die Medien wissen lassen, wenn er zu uns zum Beten kommen möchte, ist er herzlich willkommen." Doch Ignatz Bubis kam nie in die jüdischen Gemeinden nach Oldenburg und Braunschweig. „Aber einer seiner Nachfolger – Paul Spiegel – der ist gekommen. Und er fand es sehr schön bei uns."

„Beten ist etwas sehr Intimes"

In Oldenburg kamen zu den jüdischen Gottesdiensten regelmäßig viele interessierte Besucher, so dass es bald einer Regulierung bedurfte. „Das hat ein bisschen überhandgenommen und da mussten wir uns etwas einfallen lassen. Auf Anmeldung können am Schabbat Interessierte kommen, aber an den Feiertagen wollen wir unter uns sein."

Ihr war es immer wichtig, die Gemeinde aktiv in den Gottesdienst mit einzubinden. „Zum Vorbeten braucht es keinen Rabbiner, das sollen die Laien lernen. Das gibt mir dann ein bisschen mehr Zeit, um eine schöne Lektion vorzubereiten oder eine anständige Predigt zu schreiben. Wir hatten immer Menschen, die solche Dinge zum ersten Mal machen. Ich habe klar gesagt, dafür muss es einen geschützten Rahmen geben."

Den Kontakt zu anderen Religionsgemeinschaften und das Gespräch mit Muslimen oder Christen pflegte Bea Wyler auch in Oldenburg. Nichtjüdische Gäste waren in ihrer Synagoge willkommen. Doch nicht jede Form des Dialogs behagte ihr. „Wenn Besucher uns Juden mit Gebetsschal sehen wollen, sollen sie gern kommen. Da habe ich gar keine Berührungsängste", stellt sie klar, „nur gemeinsame Gebetsveranstaltungen, dagegen habe ich mich immer gewehrt." Das lehnt sie bis heute ab, „weil es das nicht braucht. Beten – auch in der Gemeinde – ist etwas sehr Intimes. Die Art und Weise, wie sich Juden im Gebet vor Gott hinstellen und die Art und Weise, wie Christen sich im Gebet vor

Gott hinstellen, ist nicht kompatibel. Wir ändern ja nicht Texte der anderen Traditionen. Wir haben so viele Ebenen, auf denen wir gemeinsame Sachen machen können und sollten, dass es das gemeinsame Gebet einfach nicht braucht. Wir können miteinander lernen und viele Nächstenliebe-Aktivitäten gemeinsam machen: den Armen helfen, die Kranken pflegen, uns für den Umweltschutz einsetzen, für Gerechtigkeit in der Welt oder für die anständige Behandlung von Flüchtlingen eintreten. Aber gemeinsam Beten – das ist nicht nötig", stellt sie ihre Positionen unmissverständlich klar.

Rabbinische Aufbauarbeit, die Früchte trägt

Bea Wyler ist es rückblickend wichtig zu betonen, dass sie die vor über zwei Jahrzehnten neu gegründeten jüdischen Gemeinden in Oldenburg und Braunschweig im Team aufbaute: „In beiden Gemeinden gab und gibt es bis heute sehr kompetente Vorstände und Präsidentinnen. Die haben immer eine ganz tolle Arbeit gemacht und mir auch lange Zeit den Rücken freigehalten, so dass ich meine rabbinische Aufbauarbeit machen konnte." Der Vorstand nahm ihr viel Organisatorisches ab, wie zum Beispiel das zeitraubende Fundraising. Als sie kürzlich einmal wieder die Gemeinde besuchte, „war es für mich sehr schön zu sehen, dass die Aufbauarbeit bis heute wirkt und Früchte trägt. Es sind zum Teil dieselben Leute, die vorbeten. Sie machen das jetzt seit über 15 Jahren. Und das ist gut."

Ist die Art, wie Bea Wyler das Judentum lebt, ein Bruch mit der jüdischen Tradition, wie es immer mal wieder behauptet wurde? Dazu macht sie einen Exkurs in die Geschichte. „Vom Patriarchen Abraham, dem Begründer der monotheistischen Tradition, vergehen 800 Jahre bis König David. Und von König David bis Rabbi Akiva vergehen wieder 1100 Jahre. Und von ihm bis Raschi, also Rabbenu Schlomo ben Jizchak, dem größten Kommentatoren des Mittelalters, vergehen nochmals 900 Jahre, und von Raschi bis zu mir wieder 900 Jahre. Niemand würde ernsthaft behaupten, nur Abraham war der einzige authentische Jude."

Dabei macht sie sich auch Gedanken um die heutige Attraktivität ihrer Religionsgemeinschaft. „Die religiösen Organisationen, seien sie nun christlich oder jüdisch, müssen sich etwas einfallen lassen, wenn sie attraktiv bleiben wollen. Postmoderne Gemeindemitglieder, die wollen nicht wissen, warum sie noch Schabbatkerzen anzünden sollen, sondern die wollen wissen, was das Anzünden der Kerzen ihnen bringt. Und da müssen wir Inhalte bieten."

Fehlende Anerkennung

Trotz ihrer kräftezehrenden Aufbauarbeit in Niedersachsen gab es für Bea Wyler nicht immer die notwendige Anerkennung. „Einige Herrschaften von der Rabbinerkonferenz wollten mich nicht aufnehmen, und das haben sie die ganze Nation wissen lassen. Dann habe ich die ganze Nation wissen lassen, dass ich gar keinen Antrag zur Aufnahme gestellt habe", sagt sie bitter lachend. Ein Schweizer Kollege aus Basel war ebenso nicht Mitglied in der Rabbinerkonferenz, weil seine Ausbildung zum Rabbiner angeblich nicht den Vorgaben entsprach. Er und Frau Wyler reagierten mit einem kühnen Vorstoß und Humor. „Spaßeshalber sagten wir, dann gründen wir unsere eigene Rabbinerkonferenz, nämlich die Konferenz der defekten Rabbiner. Bei meinem Landsmann wollen sie die Ausbildung nicht akzeptieren und bei mir stimmt das Geschlecht nicht." Aber isolieren ließ sich Bea Wyler nicht und ging unerschrocken ihren Weg weiter – auch weil sie international Rückhalt genoss, beispielsweise durch ihre Berufsorganisation, die Rabbinical Assembly. Ebenso hatte sie steten Rückhalt durch die Vorsitzenden der jüdischen Gemeinden vor Ort, wie Frau Wagner-Redding oder Frau Schumann, die damals auch im Zentralrat der Juden eine Stimme hatte. Die Satzungen des Zentralrates hatte sie auch auf ihrem Habenkonto, denn dort ist klar deklariert: „Die Gemeinden bestimmen selber, welche religiöse Richtung sie mit ihrem Gemeindeleben pflegen wollen." So hat Bea Wyler intensiv erfahren müssen, dass die Kombination von Frau und Rabbiner kein einfacher Weg ist.

Die Rolle der Frau in ihrem geistlichen Amt im Judentum

Nun kommen wir auf Regina Jonas zu sprechen. „Fräulein Regina Jonas befasste sich in ihrer Dissertation mit der Behauptung, Frauen im rabbinischen Amt seien verboten. Das hat sie mit der Halacha widerlegt." Und Bea Wyler verweist auf die lange Geschichte der Juden. „Bei einer Geschichte von unserem Volk von 4000 Jahren, da soll uns ja niemand vorrechnen, wir seien erstarrt. Auch wenn es manchmal Ellenbogen braucht, um das alles in Gang zu halten. Doch solange wir bei der Suche nach der Wahrheit die Wahrheit noch nicht vollständig gefunden haben, müssen wir weiterfragen. Und solange wir weiterfragen, sind wir progressiv."

Bea Wyler kann sich noch gut an ihren ersten Kontakt mit dem Wirken von Regina Jonas erinnern. Das war noch in den USA, kurz bevor sie nach Berlin ging. „Da gab es eine feministisch-theologische Zeitschrift mit dem super Titel ‚Schlangenbrut'. Und dort las ich einen Artikel über sie." Autorin war Katharina von Kellenbach, eine evangelische Theologin, die seit vielen Jahren an der Universität von Maryland in den USA lehrt und forscht und Regina Jonas für Europa und Deutschland wiederentdeckte, denn bis in die neunziger Jahre des vorigen Jahrhunderts war sie fast vergessen. „Später machte die Frankfurter Rabbinerin und ehemalige Journalistin Elisa Klapheck daraus ein Buch." Das war nur möglich, weil die Mauer in Berlin gefallen war, denn dadurch wurden die Archive und Bibliotheken in Ostberlin und in Potsdam der freien Forschung geöffnet und neue Dokumente und Unterlagen von und über Regina Jonas gefunden.

Über die gedanklichen Ansätze von Regina Jonas sagt Rabbiner Wyler: „Ich fand das sehr interessant und spannend, dass sie die Halacha für ihre Thesen über die Gleichberechtigung nutzte." Dennoch sieht sie Regina Jonas noch stark „in den jüdischen Traditionen ihrer Zeit verhaftet. Sie wollte gar nicht so viel ändern, wie manche es heute glauben, sondern eher herausfinden, was möglich ist, ohne an den Grundsätzen unserer Religion zu rütteln." Nun entspann sich ein Exkurs über die Rolle der Frau in ihrem geistlichen Amt im Judentum. Zwar war Regina Jonas die erste Rabbinerin, aber nur, „wenn wir von der Neuzeit sprechen. Auch im Talmud gibt es eine Frau, die von ihren Zeitgenossen als Tora-Gelehrte akzeptiert war: Bruriah. Sie lebte im 2. Jahrhundert und war die Gattin von Rabbi Meir. Und im 19. Jahrhundert gab es in Weißrussland das Fräulein Ludomir, die später nach Israel ging und dort verstarb. Sie soll Halacha unterrichtet haben. Aber weil sie eine Frau war, lehrte sie hinter einem Vorhang", weiß Bea Wyler zu berichten. Für sie ist es bis heute eine sehr interessante Fragestellung: „ob eine Frau Rabbiner sein kann oder nicht, hängt mit Machtpositionen für Frauen zusammen. Sollen sie das anstreben oder da hineinwachsen? Sind die Gemeinden und die Gesellschaft das bereit zu akzeptieren? Weder in Europa noch in Amerika war das selbstverständlich. Und nicht nur in Deutschland, auch in den USA muss man sich immer wieder überlegen, wie das Judentum sich weiterentwickeln soll, nachdem wir vor acht Jahrzehnten ein Drittel unseres Volkes verloren haben."

Rückkehr in die Aargauer Heimat

Bevor Bea Wyler im Jahr 2004 aus familiären Gründen Norddeutschland verließ, war sie gelegentlich auch noch in einer dritten Gemeinde – in Delmenhorst – tätig. „Es ist fraglich, ob es zu 100 Prozent einen Rabbiner vor Ort braucht in Gemeinden von der Größe wie in Oldenburg, Delmenhorst oder Braunschweig", beurteilt sie rückblickend die Situation in Niedersachsen. Rabbiner Wyler ist der Meinung, dass die damalige Veränderung für alle Beteiligten gut war, „denn in Oldenburg war mit Blick auf mein Rabbinat ein move on fällig. Die Aufbauarbeit war geleistet und irgendwie konnte ich nichts mehr bewegen."

So kehrte sie mit ihrem Mann, einem gelernten Computerspezialisten, in den Aargau zurück, wo sie nach dem Tod ihrer Mutter das Haus ihrer Eltern erbte. „Meinen Mann habe ich in Oldenburg kennen- und liebengelernt." Bea Wylers Gatte war in das jüdische Gemeindeleben Oldenburgs intensiv eingebunden. „Er hat hier sehr viel gelernt und auch regelmäßig vorgebetet sowie aus der Tora gelesen." Als Zuwanderer aus der ehemaligen Sowjetunion hatte er „anfangs Schwierigkeiten, sich in der Arbeitswelt zurechtzufinden, mittlerweile ist er bestens integriert und den Beruf hat er auch gewechselt ...".

Von ihrer Arbeit als Gemeinderabbiner in der Schweiz seit 2004 „konnte ich nicht leben. Ich hatte ein 20-Prozent-Pensum in der Reformgemeinde in Zürich und ein 25-Prozent-Pensum bei einer ganz jungen, neuen nichtorthodoxen Gemeinde in Basel." Gottesdienste leitete sie in der Schweiz in den letzten Jahren kaum noch. Auch wenn sie sich in der Vergangenheit in kleineren Gemeinden engagierte.

Ob Bea Wyler mit ihrer Arbeit zur Pionierin im modernen Judentum wurde und ob sie historisch gesehen Akzente setzte, scheint für sie selbst nicht so von Bedeutung zu sein. „Es interessiert mich gar nicht, ob ich die Erste war oder nicht. Mich interessiert, ob ich Aufbauarbeit leisten konnte, die nachhaltig ist."

Heute ist Bea Wyler zwar im Ruhestand, dennoch schreibt sie gelegentlich Aufsätze oder leitet immer noch Workshops, zum Beispiel in kirchlichen Bildungshäusern im deutschsprachigen Raum. Das sei für sie ein „gutes Hirnprogramm". Doch größere Aktionen braucht sie nicht mehr, denn „ich bin ja massiv im

Rentenalter". An ihrem Selbstverständnis als Frau im geistlichen Amt ändert das aber nichts. „Solange ich meine Ordination nicht zurückgebe, bin ich Rabbiner. Und bin damit auch verpflichtet, mich an die Vorschriften und Regeln zu halten."

Bea Wyler ist bis heute sehr wissbegierig und möchte jeden Tag etwas Neues dazulernen. Sicher werden sie nicht nur Musik, Sprachen oder Kochen in den kommenden Jahren beschäftigen. Denn das Lernen ist bis heute ihr oberstes Lebensmotto. „Ich hatte einen jüdischen Lehrer. Er hat mir Folgendes auf meinen Weg mitgegeben: Wenn du abends fertig bist mit allem, dann frage dich stets, hast du heute etwas Neues dazu gelernt? Und wenn die Antwort nicht eindeutig JA ist, dann ist es zu früh, um schlafen zu gehen."

© Rocco Thiede

Rabbinerin Irit Shillor
„Unsere fliegende Rabbinerin"

Viele Jahre wirkte Irit Shillor als Gemeinderabbinerin in Österreich, Deutschland und England. Zuletzt war sie hierzulande in der liberalen Gemeinde in Hameln aktiv. Heute leitet die Rabbinerin die Reformgemeinde „Harlow Jewish Community" in Essex.

Gut eine Autostunde nordöstlich vom Londoner Stadtzentrum entfernt befindet sich Harlow in der Grafschaft Essex. In der 80.000-Einwohner-Stadt befindet sich in der Harberts Road auf einem kleinen, grünen Hügel die „Harlow Synagogue". In dem äußerlich schlichten, einstöckigen Gebäude mit roten Backsteinen hat Irit Shillor als Gemeinderabbinerin ihren Arbeitsplatz. Sie ist dort seit fast eineinhalb Jahrzehnten in der Reformgemeinde „Harlow Jewish Community" (HJC) mit einer halben Stelle angestellt, „weil die Gemeinde für eine Vollzeitstelle nicht ausreichende Finanzen hat", erklärt Rabbinerin Shillor beim Öffnen der Tür des kleinen weißen Holzvorhauses mit seinem weithin sichtbaren blauen Davidstern im Glasfenster. Deshalb ist sie auch nicht jede Woche, sondern im Durchschnitt zwei Mal im Monat hier: zu den Gottesdiensten am Freitag und Samstagmorgen. Noch vor drei Jahren war sie zusätzlich noch einmal im Monat regelmäßig in Niedersachsen. Auch hier hatte sie eine Teilzeitstelle in der Jüdischen Gemeinde in Hameln am Synagogenplatz. Aus dieser Zeit stammt ihr informeller Nickname: „Die fliegende Rabbinerin".

Hameln

Und das kam so: „Wir haben im Leo Baeck College angefragt, ob Rabbinerstudenten zu uns kommen könnten. Und dann schickten sie uns Irit Shillor, die kurz vor ihrer Ordination mit uns anfing zu arbeiten", berichtet Rachel Dohme. Rachel ist Vorsitzende des Gemeinderates in der liberalen jüdischen Gemeinde Hameln. Vor über 30 Jahren kam die studierte Sonderpädagogin „der Liebe wegen" aus den USA nach Deutschland. Aufgewachsen ist Rachel in einer konservativen jüdischen Gemeinde in Pennsylvania. Es war ihrem Beharrungsvermögen zu verdanken, dass Irit Shillor bereit war, einmal im Monat extra aus London nach Hameln zu kommen: „15 Jahre lang war sie unsere fliegende Rabbinerin", erzählt sie lachend. Aber irgendwann merkte Irit: „Flughäfen machen auf Dauer unheimlich müde" und sie sah die Zeit gekommen, für die jüdische Gemeinde in Hameln und für sich selbst etwas Neues zu entwickeln. So verabschiedete sie sich 2016 und übergab an Rabbinerin Ulrike Offenberg.

Noch immer hat Irit Shillor guten Kontakt zu einigen ihrer Rabbinerkolleginnen in Deutschland. „Besonders mit Natalia Verzhbovska treffe ich mich regelmäßig. Mit ihrem Mann habe ich seinerzeit auch zusammen studiert. Wir sind gut befreundet." Vor zwei Jahren leitete Rabbinerin Natalia auch Irits Hochzeit in Harlow.

Doch davor hat sie in Hameln viel bewegen können, wie zum Beispiel beim Bau einer neuen Synagoge vor knapp zehn Jahren, und dies an einem geschichtsträchtigen Ort: „Die Idee kam von Rachel. Sie wollte unbedingt die Synagoge an dem Platz bauen, wo die alte Synagoge 1938 zerstört wurde. Sie ist dann in Amerika herumgefahren und hat Geld dafür gesammelt." Rachel ergänzt: „Natürlich war unsere Rabbinerin involviert. Jedes Mal, wenn sie hier war, habe ich sie mit unseren Architekten zusammengebracht. Irit ist ein ganz analytischer Kopf und hat immer gute Lösungen auch bei baulichen Fragen."

Rachel Dohme und Irit Shillor – gemeinsam initiierten die beiden Frauen den ersten Neubau einer liberalen Synagoge in Deutschland nach dem Zweiten Weltkrieg. Und die Realisation erfolgte auf beeindruckende Weise, denn die Synagoge musste auf einem relativ kleinen Grundriss errichtet werden. „Weil das Stück Land so klein war, haben wir uns für ein Oval entschieden. Diese Eiform ist für unsere Gemeinde sehr symbolreich, da es auch eine Gemeinde ist, die erst wiedergeboren werden musste", erklärt Rachel die modernen Architekturformen. Oben im Dach gibt es eine Öffnung, „dort hängt über den Köpfen der Menschen ein Davidstern – das hat eine schlichte, schöne Symbolik", schwärmt Rachel und erwähnt auf Deutsch mit ihrem charmanten amerikanischem Akzent die „vielen persönlichen touches, wie die Jahrzeittafel, als Erinnerung an verstorbene Gemeindemitglieder oder den Spendenbaum. Den habe ich aus meiner Gemeinde aus Amerika mitgebracht. Es ist ein Mosaik mit vielen Händen, Köpfen und Herzenswünschen." Der Name der Synagoge in Hameln wurde unter den Gemeindemitgliedern durch Abstimmung gewählt und hat eine besondere Bedeutung: „Beitenu" – „Unser Haus ".

Bei einem Besuch in Hameln berichtete die damals fast 80-jährige Polina Pelts, die 1992 mit ihrer Familie aus der ehemaligen Sowjetunion nach Deutschland kam, voller Stolz: „Es ist mein Zuhause. Ich habe kein eigenes Haus gebaut. Ich konnte das nicht. Jetzt habe ich dieses Haus. Und ich bin immer sehr traurig, wenn ich einmal keinen Termin für die Gemeinde in meinem Kalender habe und nicht hier in ‚Beitenu' sein kann." Die rüstige Dame hat bis zu ihrem Tod 2019 noch viel in der Gemeinde geholfen: ob beim Kochen, in der Küche, im Sekretariat oder beim Dolmetschen zwischen Russisch und Deutsch.

Frauen haben in Hameln immer wieder eine maßgebende Rolle in der jüdischen Gemeinde gespielt. Aktuell ist die in Ostberlin geborene Ulrike Offenberg hier die Gemeinde-Rabbinerin. Schon vor etwa 300 Jahren gab es Glückel von Hameln. Sie war eine erfolgreiche jüdische Kauffrau und hat eine Autobiographie geschrieben, welche bis heute als herausragende Quelle für die Geschichte der deutsch-jüdischen Kultur gilt. In ihrem auf Jiddisch verfassten Text schildert sie die Schwierigkeiten der jüdischen Emanzipation und Integration in Deutschland – ein Thema, das bis heute aktuell ist.

Harlow

Die jüdische Gemeinde in Harlow existiert seit 1952. „Nach dem Zweiten Weltkrieg kamen sehr viele Juden vom Londoner East End nach Harlow, wo sie eine Arbeit und eine Wohnung für sich und ihre meist orthodoxen Familien fanden", erzählt Irit. Im selben Jahr gab in der örtlichen Zeitung *The Harlow Citizen* ein Mann eine Anzeige auf: „Suche andere Juden, damit wir zusammen beten können". Es war der Architekt Harold Titkin. Schon kurz darauf meldeten sich Sid Pinker und Laurie Fellerman, die heute zu den Gründern der Gemeinde zählen. Wenig später gesellte sich Manny Clayman zu ihnen, der als Office-Manager für die „Kingsgate Clothing Company" tätig war, wo damals viele jüdische Arbeiter angestellt waren. „Das war der Auftakt des jüdischen Gemeindelebens hier: Erst in privaten Häusern und Wohnungen, dann wurde in den sechziger Jahren das heutige Grundstück mit finanzieller Unterstützung der englischen Reformbewegung erworben. Deshalb sind wir Reformjuden", fasst Irit in aller Kürze die Geschichte ihrer Gemeinde zusammen. Derzeit gibt es 240 Mitglieder, davon ungefähr die Hälfte Frauen. „Wir sind etwa so groß wie die liberale, jüdische Gemeinde in Hameln."

Hinter einem lilafarbenen Vorhang mit einer Textilapplikation eines neunarmigen Chanukkaleuchters mit lodernden Flammen befindet sich der Toraschrein. Darin werden drei Torarollen aufbewahrt, die in wunderschönen, reichverzierten samtenen Mänteln stecken. Kronen, Löwen und Gesetzestafeln aus Silber verzieren sie. Die Aufsätze (Rimonim) auf den hölzernen Rollen bilden mit den kleinen Glöckchen den bekrönenden Schmuck: Sie sind neben den Toraschilden und dem Torazeiger wertvolle Arbeiten von Silberschmieden. Eine der Torarollen hat Irit von einem guten Freund geerbt. Ihr Mantel ist mit floralen grünen und roten Motiven verziert – ganz im Unterschied zu den beiden anderen Torarollen, deren Mäntel im traditionellen weinrot und blau leuchten.

An den Wänden der Synagoge sieht der Besucher eine Reihe von originalen Zeichnungen und Bildern. Darunter Aquarelle und Bleistiftzeichnungen, welche Motive mit den Bergen von Jerusalem und Ansichten der Stadt zeigen. Sie sind signiert mit „Lisl Patai". Das war Irits Mutter Elise: „Sie hat sehr viel gezeichnet und gemalt und immer ihre Bilder mit Lisl unterschrieben. Obwohl sie sehr talentiert war, wollte meine Mutter nicht von ihrer Kunst leben und die Werke verkaufen."

Ein anderes Ölbild wurde Irit vom Leo Baeck College als ständige Leihgabe überlassen. Malerin war Vera Karoly, die als junges Mädchen im Alter von 12 bis 16 Jahren im Vernichtungslager Auschwitz interniert war und diese Hölle überlebte. Sie emigrierte nach England und war bis zu ihrem Tod Ende des 20. Jahrhunderts Mitglied in Irit Shillors Gemeinde in Südengland. „After Auschwitz" („Nach Auschwitz") lautet der Titel des beeindruckenden, auffälligen Gemäldes. Unten rechts hat es die Malerin mit „Vera" signiert. Es ist mit seinen vielen Blautönen recht abstrakt gehalten. In der oberen linken Ecke leuchtet in goldenen Farben ein Davidstern. In seinem Zentrum sind rote Punkte zu sehen, die an Blutstropfen erinnern und symbolisch für die Leiden und Verletzungen von Millionen Menschen im Konzentrationslager stehen. Über dem Davidstern steht: „A 22873". Es wird Vera Karolys Häftlingsnummer in Auschwitz sein. Unten links befinden sich die hebräischen Buchstaben Chet und Jod, sie bedeuten „Chaj": Leben.

Privatleben

Irit Shillor lebt heute mit ihrer jüdischen Partnerin Lesley „in North-East-London, weil es für ihre Arbeit so praktischer ist". Ihr Coming-Out hatte sie nach dem Umzug von Israel nach England. Seit den späten 1980er Jahren war sie gern bei den „Gay pride marches". Heute engagiert sich Irit aktiv auch bei „Stonewall", einer LGBT-Organisation, die sich für gleiche Lebensrechte von Transsexuellen, Schwulen und Lesben einsetzt.

„Kürzlich war ich in einer Schule und stand 14-jährigen Mädchen und Jungen Rede und Antwort. Viele wollten wissen, wie zwei jüdische Frauen heute zusammenleben und was die Gemeinde dazu sagt. Ich erzählte ihnen von unserem Alltag, dass meine Frau und ich in der Gemeinde akzeptiert sind und sie sich aktiv in das Gemeindeleben einbringt." Beide haben 2017 mit vielen Gemeindemitgliedern zusammen in der Harlow Synagogue ihre Hochzeit gefeiert. „Das war alles selbstverständlich", und macht Rabbinerin Shillor bis heute stolz auf ihre Gemeinde: „Sie kennen mich alle. Sie lieben mich und ich liebe sie", sagt sie mit einem Lächeln. Als sie sich auf die Stelle der Rabbinerin in Harlow vor eineinhalb Jahrzehnten bewarb, hat sie von Anbeginn ihre privaten Verhältnisse offengelegt, weil sie nicht im Nachgang Widerstand von Menschen heraufbeschwören wollte, die sagen: „Wir wollen keine lesbische Rabbinerin. So gab es nie Probleme. In den progressiven jüdischen Bewegungen haben wir viele lesbische und schwule Rabbiner*innen", stellt Irit Shillor klar.

Herkunftsfamilie

„Obwohl ich heute Rabbinerin bin, komme ich aus einer nichtreligiösen Familie. Mein Vater war streng gegen alle Religionen. Auch für meine Mutter spielte die jüdische Religion keine große Rolle." Sehr religiös hingegen waren noch ihre Urgroßeltern, „aber schon mein Opa war nicht mehr religiös". Sie entstammt einer k.u.k.-Familie: Väterlicherseits kommt ihre Familie aus Budapest, mütterlicherseits aus Wien. „1925 geboren, wohnte Lisl nicht wie viele andere Juden im 2. Wiener-Bezirk, sondern im 3." Ihr Vater wurde 1918 geboren und starb 1998, ihre Mutter 15 Jahre später, im Jahr 2013. Beerdigt sind ihre Eltern in Jerusalem, wo sie sich damals kennenlernten und heirateten.

Irit Shillor wurde 1950 in Jerusalem geboren, zwei Jahre nach der Staatsgründung Israels am 14. Mai 1948. „Mein Name kommt von einer weißen Wüstenblume. Aber Irit bedeutet auch Schnittlauch", sagt sie lachend. Ihr Ex-Mann, mit dem Irit zwei heute 44 und 41 Jahre alte Töchter hat, stammt aus Polen. Er war sieben Jahre alt, als er nach Israel kam. Als sie damals heirateten, legte sie ihren Familiennamen Patai ab und nahm den Namen Shillor an. „Meine beiden Töchter leben nicht weit von mir entfernt, die eine in St. Albans und die andere in Canterbury. Beide sehen sich als jüdisch, obwohl sie ihre Religion nicht praktizieren. Und die jüngere folgt auch dem Buddhismus, was überhaupt nicht dem Judentum widerspricht", meint Rabbinerin Irit Shillor aus ihrer Sicht.

Dreisprachig aufgewachsen – hebräisch, englisch und deutsch – „sprach meine Mutter mit mir zu Hause konsequent deutsch". In Israel ging Irit zur Schule und später auf die Universität in Jerusalem, wo sie Mathematik und Physik studierte. „Etwa 40 Jahre habe ich danach mit hochbegabten Kindern gearbeitet."

Nach England kam sie 1982, weil ihr damaliger Mann ein Postdoktorandenstipendium in Oxford erhielt. „Irgendwann ist er aus beruflichen Gründen in die USA gegangen und ich bin mit den Kindern in England geblieben." So trennten sich langsam ihre Wege.

Was hielten denn Irits Töchter davon, dass sie immer zwischen den Angelsachsen und Niedersachsen hin- und herpendelte? „Auf der einen Seite sind sie sehr stolz darauf. Auf der anderen Seite dachten sie, was ist unsere Mutter für eine verrückte Frau, die immer zwischen England und Deutschland hin- und herfliegt. Aber sie sind damit aufgewachsen und kennen mich gut. Ich konnte nicht anders", sagt sie schmunzelnd.

Jüdische Identität

Für sie als Mutter war die Einbindung ihrer zwei Töchter in eine jüdische Gemeinde sehr wichtig. Es ging ihr um die jüdische Identität ihrer Kinder. „In England habe ich für sie etwas Jüdisches gesucht, denn in Israel ist man jüdisch, ob man es will oder nicht. Wir wohnten damals in Jerusalem und am Freitagnachmittag hört das öffentliche Leben für Schabbat dort auf. Der Verkehr ruht. Den Schabbat lebt man mit – auch wenn man komplett säkular ist. Das gilt auch für alle jüdischen Feste und Feiertage, deren Ablauf jedes Kind in der Schule lernt. In der säkularen Schule haben wir die Bibel mindestens drei Mal durchgelesen, den Talmud studiert und selbstverständlich die jüdische Geschichte und die jüdischen Rituale behandelt", erzählt sie von ihrer Kindheit und Jugend in Israel.

„Aber hier in England haben meine Töchter sehr wenig davon mitbekommen, und deshalb suchte ich mir eine jüdische Gemeinde, wo meine Kinder unsere Feste und Riten erleben konnten." So kam auch Irit in Großbritannien wieder stärker mit der jüdischen Religion in Berührung. Sie nahm aktiv am Gemeindeleben teil, und ihre Kinder besuchten den jüdischen Religionsunterricht. „Und dann habe ich mir gesagt, wenn die Kinder dort etwas bekommen, dann muss ich auch etwas zurückgeben." So fing sie als Lehrerin mit Hebräisch-Unterricht an. Als sie von London nach Südengland in die Nähe von Southampton zogen, wurde Irit in der dortigen Gemeinde gefragt, ob sie aus der Tora lesen könne. Von da an führte sie Gottesdienste durch. „Es hat mir sehr gut gefallen, und irgendwann wollte ich etwas mehr darüber wissen und verstehen, was ich da genau mache, statt einfach nur zu amtieren."

Es kam der Punkt, wo Irit Shillor merkte, dass sie noch einmal etwas anderes in und mit ihrem Leben machen sollte. Also ging sie 1998 zum Studium an das Leo Baeck College nach London, „genau zu jener Zeit, als auch meine jüngste Tochter zu studieren begann". Ihre Ordination feierte Irit Shillor vier Jahre später 2002. Am Leo Baeck College lernte sie später deutschsprachige Studenten kennen. Über sie bekam Irit Shillor Kontakte zu liberalen jüdischen Gemeinden in Österreich und Deutschland. In der Folge erhielt sie Stellenangebote als Rabbinerin an diversen Orten. So war sie fünf Jahre in Wien und zur selben Zeit in Gudensberg in Nordhessen, in Niedersachsens Landeshauptstadt Hannover, Bad Pyrmont und Hameln.

Die Unterschiede zwischen den einzelnen Strömungen im Judentum zwischen Deutschland und Großbritannien erläutert Rabbinerin Shillor am Beispiel von „Reform" und „Liberal": „Es sind zwei progressive Bewegungen hier in England. Aber liberal in Deutschland ist für mich eher konservativ – also nicht vergleichbar mit liberal hier bei uns."

Schoa

Vielen Familienmitgliedern von Irit gelang es noch rechtzeitig, nach Israel auszuwandern. Ihr Großvater väterlicherseits, ein Zionist, reiste bereits Mitte der dreißiger Jahre aus und ihr Vater folgte 1939. „Ein Zionist in dieser Zeit in Ungarn zu sein, das war keine gute Idee." Er merkte ab 1933, dass Juden bald große Probleme bekommen würden. Später wurde er bedroht, und man wollte ihn nach Sibirien verbannen. „Großvater und Großmutter kamen dann in das damalige Palästina, Onkel und Tante folgten 1936 und mein Vater etwas später. Meine Familie sprach fließend hebräisch und war auf ihre Auswanderung nach Palästina gut vorbereitet." Mütterlicherseits bemerkte ihr Großvater in Wien 1938, dass es viel zu gefährlich für Juden geworden war. Also verkaufte er seine Schuhfabrik und wanderte aus. Im Januar 1939 kam er mit seiner Frau und seiner jungen Tochter nach Jerusalem, um dort ihr neues Leben anzufangen.

Es gab auch Verwandte, denen vor 1939 noch die Flucht in die Schweiz oder in die USA gelang. Andere blieben. Einige wurden deportiert und in den Vernichtungslagern umgebracht. Am 27. Januar, dem Holocaust Memorial Day, gedenkt Irit Shillor, wie Millionen Menschen weltweit all ihrer Verwandten und grundsätzlich aller Menschen, die dem Genozid der Nazis zum Opfer fielen.

Als sie einmal in Kassel vor einer Klasse zum Thema der Judenverfolgung sprach, wurde sie von den 17-jährigen Schülern gefragt, welche Gefühle sie mit Blick auf die auch in ihrer Familie ermordeten Verwandten heute in Deutschland hat? „Ich musste ihnen ehrlich sagen, dass es für mich hier nicht einfach ist, auch wenn ich mit Jüdischen Gemeinden zusammenarbeite. Ein junger Mann meinte dann zu mir: Aber das ist nicht unsere Schuld. Warum hast du diese Gefühle noch gegen uns? Wir sind eine neue Generation. Zu dieser Zeit dachte ich: „Du hast eigentlich Recht. Ihr seid eine neue Generation. Das ist jetzt schon einige Jahre her. Aber wenn ich heute die vielen jungen Neonazis sehe, bin ich mir bei der Schuldfrage nicht mehr so sicher ...“

Feminismus, Gerechtigkeit, Barmherzigkeit, Studium

„Ich bin eine Lehrerin, und mir ist es wichtig, mit Menschen zu arbeiten", sagt Irit Shillor selbstbewusst. Genauso wie ihre Amtskolleginnen hat auch Rabbinerin Shillor einige Felder, wo sie besonders gern aktiv ist: „Also Feminismus ist für mich ganz wichtig." In England beschäftigt man sich seit einiger Zeit mit neuen Gebetsbüchern. Die Neuausgaben sollen zukünftig gendergerechte Texte mit inklusiver Sprache enthalten. Ihre Erkenntnis: „Das ist im Englischen nicht so kompliziert wie im Deutschen."

Bei der Entwicklung von feministischer Spiritualität sei sie ebenso aktiv, „um Frauen zu helfen, ihren persönlichen Weg zum Judentum zu finden, denn bis heute ist die jüdische Religion sehr männerorientiert".

Die Reformbewegung in England sei damit einverstanden, wenn jemand nur einen jüdischen Elternteil hat – egal ob Vater oder Mutter. „Wer eine jüdische Erziehung durchläuft, bekommt einen jüdischen Status. Das ist etwas ganz Neues und wird in Deutschland vermutlich noch ganz lange dauern", ist sich Rabbinerin Shillor sicher. „In der Bibel ist das Judentum erst vom Vater übertragen worden. Dann hat man es geändert, und die jüdische Mutter war entscheidend. Im Talmud findet sich ein interessanter Studientext, wie es dazu kam. Ich finde es richtig, wenn jemand auch nur einen jüdischen Elternteil hat – entweder die Mutter oder den Vater – und wenn diese Menschen mit dem Judentum aufgewachsen sind, dann sollen sie jüdisch sein, wenn sie wollen."

Zu den Traditionen in Rabbinerin Shillors Gemeinde gehört das „Baby blessing – auch für gleichgeschlechtliche Paare. Es ist für die neugeborenen Jungen und Mädchen eine Segensfeier". Später folgt die Bar und Bat Mitzwa: „Ich feiere die Religionsmündigkeit von Jungen und Mädchen immer im Alter von 13 Jahren." Natürlich finden Hochzeiten und Beerdigungen statt, „denn auf dem städtischen Friedhof in Harlow gibt es auch einen kleinen abgetrennten jüdischen Teil. Und manchmal gibt es sogar Einäscherungen."

Aber nicht nur wichtige Fragen um Gender und Feminismus spielen im Leben von Rabbinerin Shillor eine große Rolle. „Es gibt im Judentum Dinge, die uns wichtig sind. Eine davon ist das Ausüben von Gerechtigkeit und Barmherzigkeit. Auch das Studium und Lernen ist bedeutend. Und wir machen das ständig: ob mit Kindern oder Erwachsenen zum Beispiel am Schabbat. Weil der Schabbat ein perfekter Tag ist, und die Tora selbst ist Perfektion."

Aber gibt es nicht auch Diskrepanzen zwischen dem Leben heute und dem Leben, wie es in der Tora beschrieben wird – zum

Beispiel, wenn es dort um die Frau als Eigentum des Mannes geht? „Ich würde nicht von Diskrepanzen, sondern von Entwicklungen sprechen. Die Tora beschreibt Ereignisse, die 4000 Jahre her sind und das Leben ist heute anders als damals. Viele Grundlagen haben sich im Laufe der Zivilisationsgeschichte geändert", sagt Irit Shillor. „Im Judentum ist das Lernen ein Weg, der uns zeigt, wie wir leben sollen. Weil wir lernen, lernen wir auch, dass es eine Entwicklung gab und gibt."

„Gegen Israel und antisemitisch zu sein – das liegt sehr nahe beieinander"

Irit Shillor hat dank ihrer Herkunft – als gebürtige Israelin sowie dem jahrelangen Pendeln zwischen England und Deutschland – eine gute objektive Außensicht auf die Entwicklung des Judentums in Deutschland nach der Schoa.

„Leider hat nicht nur in Deutschland, sondern auch in England und im Rest der Welt der Antisemitismus zugenommen. Es gibt sehr viele anti-israelische Gefühle an den Universitäten: zum Beispiel gegen israelische Dozenten oder gegen jüdische Studenten. Emotional und nichtobjektiv gegen Israel und antisemitisch zu sein – das liegt sehr nahe beieinander, und das macht mir Angst." Sie wehrt sich auch dagegen, dass man nicht kritisch die Politik in Israel hinterfragen dürfe. „Selbstverständlich finde ich als israelische Staatsbürgerin viele Sachen, die in der Politik in Israel gesagt und getan werden, nicht gut. Aber der große Unterschied – bei aller Kritik – ist es, damit die Existenzfrage Israels zu verbinden. Wer sagt, Israel muss weg und dazu auffordert, alle Israelis zu töten, und offen behauptet: Hitler hat nicht genug getan: Das ist absolut nicht zu akzeptieren und ist schlimmster Antisemitismus." Hier wird sie niemals schweigen und laut dagegen protestieren.

Was kann und sollte aus Sicht von Rabbinerin Shillor also passieren, um diesen Entwicklungen entgegen zu wirken? „Ich arbeite sehr viel im interreligiösen Dialog: christlich-jüdisch und auch jüdisch-muslimisch. Ich finde das aktuell sehr wichtig. Ob es wirklich wirkt, weiß ich nicht, aber dieser Dialog stimmt mich optimistisch und gibt mir Hoffnungen."

Heute ist Rabbinerin Shillor in der "Reform Assembly of Rabbis and Cantors" organisiert. Hier versammeln sich einmal im Monat die Rabbinerinnen, Rabbiner sowie Kantorinnen und Kantoren von den Reformgemeinden zum Austausch und der Koordination. So wie sich Irit damals in Wien um den Dialog mit der katholischen Kirche bemühte, so setzt sie sich gegenwärtig in Harlow intensiv für den Dialog zwischen Islam und Judentum im Kontakt zu muslimischen Glaubensgemeinden in Essex ein.

Rabbinerin Irit Shillor ist „sehr stolz, beim Aufbau von jüdischen Gemeinden in Deutschland geholfen zu haben". Und sie wiederholt, was sie bereits vor Kasseler Schülern sagte: „Es war schwer für Menschen mit meiner Familiengeschichte, in Deutschland zu arbeiten. Wer in Israel aufwuchs und viele Angehörige während der Schoa verlor, weil sie ermordet wurden, der kann das nicht vergessen. Dennoch ist es sehr wichtig, dass sich eine neue jüdische Gesellschaft in Deutschland entwickelte. Denn das bedeutet: Hitler hat nicht gewonnen!"

Rabbinerin
Prof. Dr. Elisa Klapheck

Rabbinerin mit intellektuellem Anspruch

„Die größte Klippe lag in mir selbst: die Frage, ob ich religiös genug bin."

Für Rabbinerin Prof. Dr. Elisa Klapheck ist das Jüdische nicht allein auf die religiöse Tradition zu reduzieren. Mit den von ihr herausgegebenen Machloket-Streitschriften greift sie in aktuelle politische Debatten ein und formuliert jüdische Positionen zur politischen Tradition der Tora, der jüdischen Wirtschafts- und Sozialethik, zur Sterbehilfe oder zum jüdischen Religionsunterreicht. In den 1990er Jahren gab sie als jüdische Feministin das Werk der ersten Rabbinerin der Welt, Regina Jonas, heraus. Seit 2009 ist sie Rabbinerin der liberalen Synagogengemeinschaft „Egalitärer Minjan" in der Jüdischen Gemeinde Frankfurt a. M., seit 2016 außerdem Professorin für Jüdische Studien an der Universität Paderborn.

Von der Journalistin zur rabbinischen Publizistin

Wie man ihrer Autobiographie „So bin ich Rabbinerin geworden" aus dem Jahr 2005 entnehmen kann, schließt sich Elisa Klaphecks Engagement für einen neuen jüdischen Diskurs ihrem vorherigen beruflichen Leben als Journalistin an. Nach ihrem Studium der Politik- und Rechtswissenschaften hatte sie beim Berliner *Tagesspiegel* und der *tageszeitung* (taz) gearbeitet sowie ein paar Jahre beim Fernsehen. Als spätere Pressesprecherin der Jüdischen Gemeinde zu Berlin wurde sie verantwortliche Redakteurin des Gemeindemagazins *jüdisches berlin*. Bis heute schreibt sie regelmäßig rabbinisch-politische Kommentare für diverse öffentlich-rechtliche Radiosender und die vom Zentralrat der Juden herausgegebene *Jüdische Allgemeine*. Ihre Premiere als Buchautorin mit rabbinischen Ambitionen hatte sie bereits 1999 mit „Fräulein Rabbiner Jonas. Kann die Frau das rabbinische Amt bekleiden?". Es enthielt die erste ausführliche Biographie der in Auschwitz ermordeten ersten Rabbinerin der Welt, Rabbinerin Regina Jonas (1902–1944) sowie eine kritische Edition ihrer halachischen Abschlussarbeit mit dem gleichnamigen Titel. In dieser 1930 am Ende des Rabbinatsstudiums eingereichten Arbeit setzte sich Regina Jonas eingehend mit allen relevanten halachischen Bestimmungen auseinander, um schlussendlich die Frage, ob Frauen Rabbinerin sein können, mit Ja zu beantworten. Die intensive Beschäftigung mit Regina Jonas habe entscheidend dazu beigetragen, dass Elisa Klapheck selbst Rabbinerin wurde. „Irgendwann wurde die Überschrift von Regina Jonas' Arbeit zu einer an mich gerichteten Frage: Und du? Kannst *du* das rabbinische Amt bekleiden? – Ich hatte zu diesem Zeitpunkt ja schon jahrelang für mich die Tora im Selbststudium erschlossen und war sehr engagiert für die Wiederentstehung des liberalen Judentums in Deutschland eingetreten." Klapheck gehörte in Berlin zu den Mitbegründerinnen eines „Egalitären Minjan", in dem die althergebrachte Tradition mit neuen Zugängen erprobt wurde und Männer und Frauen von vornherein gleichberechtigt waren. Daraus ging die Synagogengemeinde Oranienburger Straße hervor. „Ich selbst trug regelmäßig den Wochenabschnitt der Tora vor und diskutierte mit den anderen Beteiligten darüber. Also warum nicht den Schritt machen: Könntest *du* das rabbinische Amt bekleiden?" Die Schwierigkeit, hierauf unumwunden mit Ja zu antworten, habe vor allem darin bestanden, „dass ich nicht wusste, ob ich religiös genug bin. Die Tora zu lesen und zu diskutieren, war für mich ein intellektuelles Vergnügen. Ich fühlte mich dabei ganz frei – ganz auf meinem eigenen Boden. Trotzdem hatte ich Skrupel. Ich war ja nicht orthodox, hielt mich im strengen Sinne nicht an die Halacha. Es bedurfte einer längeren Zeit, um für mich selbst klarzukriegen, dass meine Herangehensweise an die jüdische Religion gebraucht wird, dass sie mich sogar zur Rabbinerin prädestiniert."

Hilfestellung bot die publizistische Auseinandersetzung mit jüdischen Denkerinnen. Auf die große Jonas-Edition 1999 folgte vier Jahre später das kleinere und lesefreundliche Sachbuch „Regina Jonas. Die weltweit erste Rabbinerin". In dieser Zeit stand Klapheck vor allem mit ihrem jüdisch-feministischen Engagement im Rampenlicht. Zusammen mit Lara Dämmig und Rachel Herweg hatte sie „Bet Debora" (Haus/Schule der Debora) gegründet und zu historisch erstmaligen europäischen Tagungen für Rabbinerinnen, Kantorinnen und rabbinisch Gelehrten nach Berlin eingeladen. Der Bezug zu den Vorgängerinnen war ihr immer wichtig. Zur ersten Tagung in Berlin wurden aus Israel und den USA drei Zeitgenossinnen von Regina Jonas eingeladen, die wie Jonas in den 1920er und 30er Jahren an der Hochschule für die Wissenschaft des Judentums in Berlin studiert hatten, allerdings nicht mit dem Ziel, Rabbinerin zu werden oder gleichberechtigt im liberaljüdischen Synagogenleben aktiv waren (siehe Bibliographie und Links, *Bet Debora*, Journal 1). Zusammen mit Dämmig gab

Klapheck dann im Jahre 2003 „Gebete/Prayers" heraus – eine Sammlung von Gebeten und religiösen Gedanken, die die Gründerin der jüdischen Frauenbewegung, Bertha Pappenheim, verfasst hatte. Sie waren zum Glück über die Schoa hinaus erhalten geblieben, weil sie noch 1936 anlässlich des Todes von Pappenheim im Schocken-Verlag erschienen waren. Ein weiteres wichtiges Buch aus Klaphecks Feder ist die erste große Monographie über die jüdische Religionsphilosophin Margarete Susman unter dem Titel „Margarete Susman und ihr jüdischer Beitrag zur politischen Philosophie". Darin legt Rabbinerin Klapheck anhand einer zu Unrecht vergessenen Denkerin die Verbindung der modernen jüdischen Religionsphilosophie mit der talmudisch-politischen Tradition dar.

Gemeinderabbinerin

Die geistige Auseinandersetzung mit rabbinischem Denken, gern in der Perspektive von Denkerinnen, und politischer Philosophie ist aber nur der eine Teil ihres rabbinischen Profils. Seit ihrer Smicha 2004 in den USA arbeitet Elisa Klapheck als Gemeinderabbinerin – zunächst in Amsterdam als erste Rabbinerin in der niederländisch-jüdischen Geschichte bei der Gemeinde „Beit Ha'Chidush" (Haus der Erneuerung), und seit 2009 als Rabbinerin des „Egalitären Minjan" in der Jüdischen Gemeinde Frankfurt. „Das ist wunderbar, obwohl es ursprünglich nicht mein Ziel war, Gemeinderabbinerin zu werden und wöchentlich Gottesdienste zu halten oder Menschen auf ihren Lebensstationen, wie der Bar oder Bat Mizwa zu begleiten." Aber sie habe verstanden, „dass man eine religiöse Tradition nicht allein vom Intellektuellen her erneuern kann. „Für mich ist das religiöse Erleben sehr wichtig. Ich habe gelernt, welchen Sinn Rituale haben, was durch sie transportiert wird – ja sogar erlebbar wird und warum sie letztlich ebenfalls politisch sind." Ein Gottesdienst sei eine regelmäßige Einübung, um in der tiefsten Seele eine bestimmte Weltsicht zu verankern, die dann durch Handlungen Wirklichkeit wird. „Ein Ritual wie das regelmäßige Zünden der Schabbatkerzen macht uns erst bewusst, dass wir auf ganz verschiedene Weise die Zeit erleben können. Durch den Schabbat erfahren wir ‚heilige' Zeit – im Unterschied zur profanen Zeit. Ohne das Kerzenzünden zum Auftakt des Schabbats wäre es sehr viel schwerer, heilige Zeit zu erfahren und zu wissen, dass wir uns auf sie zurückziehen können, um vielleicht aus einer anderen Perspektive auf die Welt zu schauen. Genau darin ist das Ritual politisch."

Auch die Rituale ändern sich. Beispielsweise gibt es für Jungen die Beschneidung (Brit Mila) am achten Tag nach ihrer Geburt durch den Mohel (Beschneider). Die Beschneidung markiert die Aufnahme der Jungen in den Bund mit Gott. Für Mädchen gab es lange kein vergleichbares Ritual, obwohl Mädchen als ebenfalls in den Bund mit aufgenommen gelten. Mittlerweile ist es üblich, eine Simchat Bat, eine Freudenfeier zur Geburt eines Mädchens zu feiern. Rabbinerin Elisa Klapheck hat jedoch für neugeborene Mädchen und ihre Eltern ein eigenes Ritual entwickelt. Die Eltern werden am Schabbat bei der Toralesung mit ihrem neugeborenen Mädchen aufgerufen. Das Baby wird dann im Anschluss an die Lesung in einen Tallit (Gebetsschal) gewickelt und auf die Tora gelegt. Die Gemeinde steht auf, die Leute kommen nach vorne zur Bima (Podest, auf dem die Torarolle liegt). Alle guten Energien sind dann auf das Mädchen gerichtet. Es wird von der Rabbinerin zusammen mit der Gemeinde gesegnet und sein jüdischer Name verkündet. „Das ist für alle sehr bewegend. Meistens lächelt das Baby. Es spürt den Segen, den besonderen Moment, all die Segenswünsche." Seitdem dieses Ritual „auf der Tora" gemacht wird, erzählt Rabbinerin Klapheck, kommen auch Mütter auf sie zu, die das für ihre Jungen zusätzlich zur Beschneidung wünschen.

In diesen neuen Formen der selbst entwickelten Rituale finden bei Rabbinerin Klapheck das Intellektuelle sowie das Spirituell-Religiöse zusammen.

Die Gottesdienste würden durch Rabbinerinnen (hebräisch: Raba) nicht grundsätzlich anders, aber etwas bunter. Man sieht es am Tallit, dem Gebetsschal, der bei Frauen meist bunter ist. Das färbe auch bei den Männern ab, im wahrsten Sinne des Wortes: „Sie wollen nicht mehr nur schwarze oder blaue Streifen auf ihrem Tallit haben, sondern ihren persönlichen Stil auch farblich dokumentieren." Frauen, die Rabbinerin geworden sind und sich in ihrem Amt gehalten haben, haben so gut wie alle einen Erkenntnisprozess durchlaufen müssen, wie eine jüdische Gemeinde funktioniert und welche Konflikte es gibt. „Wir alle deuten die Tora so, dass wir die Gemeinde zusammenhalten." Darin würde sich das Arbeiten von Rabbinern oder Rabbinerinnen nicht voneinander unterscheiden. Andererseits: Wenn Frauen die Tora deuten, werde das Judentum trotzdem anders, egalitärer, weil das klassische Rollenmodell verlassen werde. Nicht nur die Rollen von Männern und Frauen, sondern auch die hierarchischen Rollenvorstellungen, zum Beispiel in Bezug auf die Kohanim (einstige Priester mit dem Privileg, als erste zur Tora aufgerufen zu werden) und dem Laienvolk (Israel) würden neu hinterfragt. Interessanterweise werde es im egalitären Judentum zugleich auch multikultureller. In Rabbinerin Klaphecks Gemeinde gibt es Juden aus Lateinamerika, China, Russland, Eritrea, Frankreich, Polen, den USA, Israel und natürlich auch aus Deutschland. Die alten Traditionslinien aschkenasisch oder sephardisch, orthodox oder liberal, greifen bei dieser Vielfalt zu kurz. „Wir müssen neue Brücken bauen, das Judentum muss insgesamt pluralistischer werden."

Frankfurt

„Ich bin den Weg der Gemeinderabbinerin gegangen – aber einer gelehrten Gemeinderabbinerin." Die Stadt Frankfurt möchte sie nicht unterschätzt wissen. Die Jüdische Gemeinde Frankfurts steht auch für das „Frankfurter Modell". Die „Einheitsgemeinde" werde dahingehend verstanden, die Gräben zwischen liberalen und orthodoxen Juden nicht zu vertiefen, sondern den liberal-religiösen Juden unter demselben Dach eine Synagoge zu geben und sogar eine Rabbinerin zu finanzieren.

Inspiriert fühlt sich Rabbinerin Klapheck auch immer wieder durch die intellektuelle Geschichte Frankfurts. „Es ist die ideale Stadt für mich." Hier gab es nicht nur die Frankfurter Schule mit der kritischen Theorie um Adorno und Horkheimer, sondern auch die „Jüdische Renaissance", die jüdische Erneuerungsbewegung nach dem Ersten Weltkrieg um Franz Rosenzweig, Martin Buber und Margarete Susman. Für Rabbinerin Klapheck gab es noch eine dritte Frankfurter Schule: die *Frankfurter Zeitung*, in der viele Juden, auch die Philosophin Margarete Susman, über religiöse Themen für ein säkulares Publikum – die täglichen Zeitungsleser – geschrieben haben. Im Augenblick beschäftigt sie sich mit dem Kulturjournalisten Siegfried Kracauer, der sich ebenfalls mit der „Jüdische Renaissance" auseinandergesetzt hatte. Er stand ihr allerdings kritisch gegenüber und schrieb den legendären Satz: „Die Wahrheit liegt jetzt im Profanen."

Für Klapheck ist das ein wichtiger Satz, der gerade keine Abkehr von der Religion bedeutet. Er führt vielmehr in das für das Judentum typische „religiös-säkulare Spannungsfeld". „Das ist für mich das eigentliche, neu zu erschließende Feld." Säkular sei gleichbedeutend mit ‚weltlich'. Religiös-säkular heiße für sie, dass die jüdische Tradition nicht nur ein religiöser Glaube ist, um den überlieferten Willen Gottes zu erfüllen. Vielmehr haben die Menschen sehr viel eigene Verantwortung in der Welt und liegen damit durchaus im Streit mit Gott. Die jüdische Tradition habe schon zu Talmud-Zeiten die Bibel auf diese Weise gelesen – als einen kritischen Dialog mit Gott. Daraus gehe das für das Judentum typische religiös-säkulare Spannungsfeld hervor. Der ganze Talmud sei ein Produkt religiös-säkularer Kontroversen, wie die Wirklichkeit mit ihren weltlichen Problemen und Herausforderungen den Dialog mit der Tora führt und sie dadurch immer wieder erneuert.

Auf das religiös-säkulare Spannungsfeld der jüdischen Tradition angesprochen ist sie in ihrem Element. „Wenn unter ‚religiös' der reine Glaube verstanden wird, bin ich nicht religiös. Aber wenn mit ‚religiös' ein Zugang zur Welt gemeint ist, nach dem es in unserer säkularen Wirklichkeit immer auch eine transzendente Dimension gibt, die unser Erleben mitbestimmt – dann bin ich in jedem Fall religiös. Denn ich möchte für diese Dimension eine Sprache haben, um mitreden zu können. Und ich möchte anderen Menschen helfen, sich ebenfalls darin ausdrücken zu können." Trotz der Schoa, trotz der Skepsis am Sinn einer Beziehung zu Gott, trotz der Zweifel an den Aussagen der jüdischen Liturgie wirkt die jüdische Tradition gerade auch weltanschaulich im säkularen Leben fort. „Wir sind in ihr zuhause – einige mehr, einige weniger. Aber alle sind irgendwie von ihr betroffen." Klapheck sagt, dass sie sich gern in die jüdische Tradition stelle, weil diese eben kein reiner Glaube sei, sondern sich auf die konkrete Welt bezieht.

Konversionen

Der Übertritt zum Judentum sei entsprechend auch kein Glaubensbekenntnis, sondern ein Lernprozess. Wer offiziell Jude oder Jüdin sein will, muss den Weg des religiösen Übertritts vor einem Rabbinatsgericht, einem Bet Din, gehen. „Wenn man die deutsche oder die französische Nationalität annimmt, muss man auch einen Einbürgerungstest machen und bestimmte Essentials draufhaben, etwa die Sprache oder bestimmte staatsbürgerliche Rechte und Pflichten. Im Judentum werden sie nunmal von der religiösen Tradition bestimmt." Das Interessante aber sei, dass es nicht um ein religiöses Glaubensbekenntnis gehe, sondern um eine Haltung, die man in seinem Leben mithilfe des Judentums erworben hat. Judentum ist eben viel mehr als ein Glaube. Und es ist auch viel mehr als eine Ethnizität.

Wer nach etwa zweijährigem Unterricht und Teilnahme am jüdischen Leben als Kandidat zum Judentum übertreten möchte, tritt vor das „Haus des Gerichts" (Bet Din), ein Rabbinatsgericht, bestehend aus drei Rabbinern, um wie bei einer Prüfung Fragen zur jüdischen Religion zu beantworten, aber mehr noch zu zeigen, dass man in seiner Einstellung Jude oder Jüdin ist. Klapheck gehört der Allgemeinen Rabbinerkonferenz (ARK) an, die ein solches Bet Din hat. Sie hat sich dafür eingesetzt, dass regelmäßige Zusammenkünfte des Bet Din auch in Frankfurt stattfinden. So brauchen Kandidatinnen und Kandidaten aus dem Rhein-Main-Gebiet sich nicht extra auf den Weg nach Berlin machen, sondern kommen nach Frankfurt. Zugleich ist das liberale Judentum auf diese Weise auch in der Jüdischen Gemeinde Frankfurts präsent.

Dann sitzt sie selbst auch im Bet Din. „Es ist eigentlich mehr ein Gespräch über die jüdische Identität der jeweiligen Person, keine strenge Prüfung, in der Detailwissen abgefragt wird. Aber man muss schon wissen, worin gelebtes Judentum besteht." Am Ende gehen die Personen in die Mikwe, das Ritualbad. „Es ist ein Eintauchen in den Ursprung. In der Tora gibt es das Wort ‚Mikwe' schon bei der Erschaffung der Welt. Es ist die ‚Sammlung der Wasser'. In diesen Ursprungsort, mit dem letztlich alle anderen Mikwen verbunden sind, taucht man ein und taucht erneuert wieder auf." Ein paar Wochen später erhält man ein Dokument, worin steht, dass man nunmehr halachisch Jude oder Jüdin ist. Das Bet Din ist aber auch für andere Angelegenheiten des Personenstands zuständig, zum Beispiel den jüdischen Status bei Adoptionen auszusprechen oder bei Scheidungen die Übergabe eines Get, eines Scheidebriefes zu ermöglichen.

Klapheck hat „Verständnis für die allgemeine Reserviertheit der jüdischen Gemeinschaft in Deutschland gegenüber Konversionen zum Judentum." Man wisse eben nicht wirklich, was die Motive derjenigen sind, die unbedingt Juden werden wollen – Schuldgefühle, übersteigerte theologische Bedürfnisse nach der ‚wahren' Religion, verdeckte missionarische Absichten, um das Judentum von innen heraus auf den angeblich richtigen Weg zu bringen, undsoweiter undsoweiter. „Auch ich musste meine Offenheit zu diesem Phänomen erst lernen."

Im selben Atemzug zeigt Klapheck Verständnis dafür, dass sich die jüdische Gemeinschaft in religiösen Fragen schwer beweglich zeigt. „Oft ist die Mehrheit der Gemeindemitglieder unreligiös eingestellt – trotzdem will man für den Gottesdienst in der Synagoge einen orthodoxen Rabbiner, der auch so aussieht und zumeist als einer der ganz wenigen in seiner Gemeinde die Religion lebt." Für Klapheck lässt sich dieses unbedingte Festhalten an althergebrachten Bildern auch als Schutzbedürfnis verstehen. „Da wo ich aufgewachsen bin, kamen die älteren Leute aus einer vernichteten Welt. Man kann nicht etwas erneuern, das man verloren hat. Man kann es nur erst einmal wiederbeleben. Genau das haben die Überlebenden getan, indem sie am alten Ritus festhielten. Auch ich musste es erst einmal verarbeiten, dass das deutsche Judentum, aus dem meine Familie stammt, in der Schoa untergegangen war, bevor ich es für mich neu reklamieren konnte. Erst dann konnte ich Themen wie die Gleichberechtigung der Frau im Judentum, die ja aus den gesellschaftlichen Debatten des 19. Jahrhunderts stammen, als die deutschen Juden aktiv den Wandel mitgestalten wollten, neu formulieren. Aber damit steht man dann ganz woanders, als diejenigen, die aus rein theologischen Gründen zum Judentum übertreten wollen."

Wer ganz begeistert von der jüdischen Religion ist und deshalb aus theologischen Gründen übertreten will, rennt bei Klapheck nicht unbedingt offene Türen ein. Ihr rabbinisches Selbstverständnis besteht ja gerade auch in einer kritischen Einstellung zu verkrusteten Strukturen innerhalb der jüdischen Gemeinschaft. „Da fallen einem die Judentumsbegeisterten mitunter in den Rücken." Ebenso wenig ist aber auch Klaphecks Haltung in denselben Topf mit Übertrittinteressierten zu werfen, die mit einer reformatorisch anmutenden Haltung die jüdische Orthodoxie kritisieren. Es bleibt jedoch ambivalent. „Wir sollten aufhören, Menschen, die Juden werden wollen, das vorzuwerfen und ihnen offen gegenübertreten. Aber zugleich muss klar sein, dass sie in eine Schicksalsgemeinschaft eintreten, in der ein millionenfacher Schmerz zu Tabus und Eigengesetzlichkeiten geführt hat, die Außenstehende kaum ermessen können. Als Neujuden mit theologischem Besserwissen zu kommen, ist ein absolutes No-Go. Die innerjüdische Aufgabe ist heute immer noch eine Heilung."

Aus diesem Grund vertritt Klapheck eine offene Haltung gegenüber patrilinearen Juden, also Kinder von jüdischen Vätern, die streng genommen halachisch nicht jüdisch sind, weil sie keine jüdische Mutter haben. Ihnen den Eintritt ins Judentum und einen gleichberechtigten Platz zu ermöglichen, sei ihr unendlich wichtiger als ein theologischer Übertritt vom Christentum ins Judentum. „Nach der Schoa darf kein Jude aus dem jüdischen Volk ausgestoßen werden." Deshalb sei sie auch bereit, die nichtjüdischen Partner einzubeziehen. Das hat wiederum Konsequenzen für die Rituale, etwa bei der Eheschließung, wenn ein Partner jüdisch ist und der andere nicht. Als eine von wenigen Rabbinern ermöglicht sie Segnungen, bei denen nur ein Partner jüdisch ist – der nichtjüdische Partner jedoch bereit ist, ein jüdisches Haus, eine jüdische Familie mitzubauen. Und auch für gleichgeschlechtliche Ehen ist sie offen.

Kindheit in Düsseldorf

Die ersten 13 Jahre ihres Lebens ist Elisa Klapheck in Düsseldorf aufgewachsen. Noch bis in die 1960er Jahre bestand die dortige Jüdische Gemeinde aus nur 400 Juden. Fast alle waren überlebende Juden aus Osteuropa, die durch die Schoa nach Deutschland verschlagen worden waren. „Ich empfand die Jüdische Gemeinde in erster Linie als eine Schicksalsgemeinschaft, in der jeder und jede eine untergegangene Welt in sich trug. Das prägt mich bis heute." Der jüdische Teil ihrer Familie entstammt dem deutschen Judentum. Klapheck besitzt einen Stammbaum, der bis 1390 ins Elsass zurückreicht. „Dass vor der Schoa das deutsche Judentum etwas anderes war als die Jiddisch sprechenden Juden in Polen oder wiederum die ‚kakanisch' (k. u. k.) orientierten Juden aus dem österreich-rumänischen Tschernowitz, davon wusste ich lange nichts. Wir haben als Jugendliche in der Jüdischen Gemeinde nicht über die Welt gesprochen, aus der unsere Eltern stammten. Sie erschien unwiderruflich untergegangen, und wir richteten unser jüdisches Bewusstsein vor allem ganz zionistisch auf Israel." 1933 waren Elisas Großeltern in die Niederlande geflüchtet. Dort wurde 1935 in Rotterdam ihre Mutter Lilo geboren. Sie überlebte die Schoa in verschiedenen Verstecken. Der Vater wurde in Auschwitz ermordet, andere Angehörige in Theresienstadt. Nach der Schoa zogen Lilo und ihre Mutter nach Düsseldorf. Jüdisch zu sein bedeutete für Elisas Mutter immer auch, Außenseiterin zu sein – gerade in Deutschland. Darin traf sie sich später mit ihrem Mann, dem Kunstmaler Konrad Klapheck. Seine Eltern waren beide Kunsthistoriker und hatten vor der Schoa viele Freundschaften mit Künstlern, die unter den Nazis als entartet galten und verfolgt wurden. 1933 verlor Elisas Großvater seine Anstellung als Professor an der Kunstakademie in Düsseldorf. Er hatte, obwohl er selbst kein Jude war, verschiedene Bücher über jüdische Baukunst veröffentlicht, darunter 1914 über den modernen Synagogenbau in Essen. Elisas Großmutter veröffentlichte ein wichtiges Buch über den jüdisch-polnischen Maler Jankel Adler, der die Düsseldorfer Avantgarde in den 1920er Jahren mitgeprägt hatte. Das Buch trug entscheidend zur heutigen Wiederentdeckung seiner Bedeutung bei. In diesem Horizont amalgierte in Elisas Kindheit das künstlerische Außenseitertum mit dem jüdischen Außenseitertum. Ihr Vater identifizierte sich mit der Literatur Kafkas oder der Musik Mahlers und trat später selber zum Judentum über. „Auch hiervon bin ich geprägt. Judentum war in meiner Familie nicht nur eine überlieferte Religion oder die Zugehörigkeit zu einer Ethnie, sondern auch eine künstlerische Einstellung, ein grundsätzliches ‚Anderssein'. Ich habe allerdings den Akzent anders zu legen gelernt. Ich will als Jüdin nicht Außenseiterin sein. Ich will mit dem Judentum Insiderin sein und die Dinge mitgestalten können." Deshalb finde sie es falsch, wenn sich Juden politisch als „Minderheit mit Migrationshintergrund" begreifen, die von der „hiesigen Mehrheitsgesellschaft" toleriert werde. „Wir sind als Juden Teil der größeren Gesellschaft, egal wie viele wir sind. Unsere Tradition ist so wichtig für die allgemeine Geschichte, dass wir in der Mitte der Gesellschaft mit dabei sind. Das haben wir in unserer Geschichte immer wieder gezeigt. Es waren, egal in welcher Epoche, sogar an höchster Stelle immer ein paar Juden mit dabei – und haben die Geschicke kraft des geistigen Polsters ihrer Tradition mitbestimmt. Und hierzu zähle ich auch die vielen jüdischen Künstler und Sammler der Avantgarde."

Tora und Emanzipation

Letztlich gehe es immer um Emanzipation. „Die Sklaven in der Exodus-Geschichte mussten lernen, wie man sich emanzipiert. Das ist der Ausgangspunkt der jüdischen Religion, wenn es um das Volk Israel geht. Gott lehnt Sklaverei ab. Vor ihm sind alle Menschen gleich. „Doch wie kommt der Sklave selbstständig aus seiner Unterdrückung heraus? Wie emanzipieren sich die schlechter Gestellten?" Hierfür gibt die jüdische Religion ein Instrumentarium. Es fängt mit dem seelischen Bewusstsein an, dass die eigene Seele von Gott ist und Freiheit, würdevollen Umgang, Selbstbestimmung und vieles mehr verdient. „Wenn wir im Gottesdienst immer wieder in unseren Brachot [Segenssprüchen] darauf hinweisen, dass Gott Israel aus dem Sklavenhaus geführt hat, dann ist die Zielrichtung unserer Religion klar."

Auch die Vorstellung von einer messianischen Zukunft sieht Rabbinerin Klapheck politisch. Erst mit dem messianischen Maßstab einer besseren Zukunft werde Kritik an der Gegenwart zur religiösen Pflicht. Wenn das Hier und Jetzt aus Elend und Leid besteht und die Menschen wissen, dass dies nicht ihrer religiösen Überzeugung entspricht, werden sie aktiv. Wenn hingegen Skla-

81

verei als Teil einer angeblich gottgewollten Ordnung, einer ewigen Gegenwart, gesehen wird, in der es nur die Wiederkehr des immer Gleichen gibt, dann macht man natürlich nichts. „Deshalb ist die Erfindung der Zukunft durch den messianischen Gedanken eine politische Idee." Es sei kein Zufall, dass im Talmud ausgerechnet im politischen Traktat Sanhedrin, in dem es um gesellschafts- politische Strukturen der jüdischen Gesellschaft geht, die Frage dis- kutiert wird, was man vom messianischen Zeitalter erwarten kön- ne. Klapheck betont: „Juden glauben nicht wie Christen an den einen spezifischen Messias. Es gibt verschiedene Ideen: die kom- mende Welt, das messianische Zeitalter, der Sohn Davids ... Über diese Ideen gibt es große rabbinische Kontroversen mit verschiede- nen Positionen. Ich lehne es ab, an eine klare Vorstellung von einem von Gott gesendeten Menschen als Messias zu glauben. Aber eine Tradition, die die bessere Zukunft zum kritischen Maßstab für die Gegenwart erhebt, in die will ich mich gerne stellen." Diese Religion habe von vornherein eine weltzugewandte, also eine säkulare, welt- liche Seite, in der die Menschen auch die Verantwortung für ihre Zukunft tragen und sich dafür engagieren müssen.

Auf die Frage, was die Tora für sie bedeute, erläutert Rabbine- rin Klapheck: Es sind die Fünf Bücher Mose, aber diese bestehen aus verschiedenen Autorenschaften, deren unterschiedliche Aus- sagen im 7. und 5. Jahrhundert v. d. Z. zu einem zusammenhän- genden Werk zusammengewirkt wurden. „Ich habe keine Angst vor Bibelkritik und archäologischen Befunden, die den Angaben in der Bibel widersprechen. Die Tora ist ein großartiges Dokument, das uns zeigt, wie wir gesellschaftliche und auch persönliche Pro- bleme religiös-politisch verstehen lernen, um sie zu lösen." Das, was in der Tora im Wege der Gesetze als der Wille Gottes aufge- fasst wird, enthält trotz des archaischen Szenarios unzählige Pro- blemlösungen, die uns direkt betreffen. In der Beschreibung der Geschehnisse am Berg Sinai gehe es zum Beispiel auch um die Überwindung der Stämme zu einer israelitischen Nation („Kinder Israel"). Das Ergebnis ist ein fast „föderales" System, das einerseits die Unterschiedlichkeit der Stämme akzeptiert, jedoch zusammengehalten in einem Kodex (Tora), durch den alle – Bürger und Fremde im Land – gleiche Rechte und Pflichten haben. Die Tora als ein Rechtskodex enthält auch klare Bestimmungen für den König. Auch er muss sich an die Gesetze halten und immer ein Exemplar der Tora bei sich haben. Er steht wie jeder Normalsterbliche „unter dem Gesetz". „Das war in den antiken Gesetzessammlungen einzigartig – und ist in den vielen heutigen korrupten Regimen immer noch nicht gegeben."

Eine ihrer spannenden Thesen ist der Zusammenhang zwischen Halacha und Globalität. Elisa Klapheck betont: „Das jüdische Volk ist global." Dank der Diaspora hat es sich „transnational" entwickelt. Und die Halacha ist das aus der Tora hervorgegangene Rechtsinstrument, welches das jüdische Volk ohne ein eigenes Land, ohne eine eigene Regierung zusammengehalten hat. Als Regelwerk habe die Halacha über alle Ländergrenzen hinweg einen gemeinsamen Kontext für jüdische Bevölkerungen, die unter unterschiedlichsten Bedingungen lebten, geschaffen. Auch in der heutigen Globalisierung müssen solche gemeinsamen Kontexte hergestellt werden. „Der europäische Integrationsprozess hat für mich etwas Jüdisches. Hier entsteht eine eigene Rechtslogik, weil es keinen obersten Souverän mehr gibt, sondern ein mehrpoliges System – der nationalen Parlamente und Regierungen, der europäischen Rechtsprechung, der verschiedenen obersten Organe." Die Abwesenheit eines obersten irdischen Souveräns erzeuge bei einigen Menschen Unbehagen. Darum rufen sie nach „nationaler Souveränität". „Dabei brachte uns der transnationale Rahmen der EU geradezu paradiesische Zustände." Mit Blick auf die jüngsten Spaltungstendenzen innerhalb Europas sieht Rabbinerin Klapheck die jüdische Tradition gefordert. „Wir haben hier etwas zu bieten. Über viele Jahrhunderte wurde das jüdische Volk über alle nationalen Grenzen hinweg durch seine eigene Rechtstradition zusammengehalten. Ich bin der Meinung, dass diese interessante Tatsache nicht ausreichend von heutigen Rechtshistorikern mit Blick auf gegenwärtige transnationale Rechtsentwicklungen erkannt wird." An diesem Beispiel zeige sich, so Rabbinerin Klapheck, dass es nicht darauf ankommt, wie viele Juden in Europa leben, sondern inwiefern die europäische Integration zugleich einem jüdischen Paradigma entspricht.

Privatleben

„Das Privatleben von Juden ist ein schwieriges Thema. Ich habe lange mit mir gerungen, ob ich in jedem Fall einen jüdischen Partner wollte." Elisa Klapheck hatte, bevor sie ihren heutigen Mann kennen und lieben lernte, auch längere Beziehungen mit nicht-jüdischen Partnern. Im ersten Fall scheiterte die Partnerschaft tatsächlich an ihrer intensiven Beschäftigung mit dem Judentum. Als der Satz fiel: „Du hast ein Problem, das ich nicht nachvollziehen will", war für sie der Schlusspunkt in der Beziehung zu ihrem Expartner gesetzt. Auch bei ihrer zweiten, langjährigen Verbindung „fehlte es an der inneren Verbindung zum Jüdischen". Es lag sicherlich auch „an meiner schwierigen Persönlichkeitsstruktur, dass es mir damals nicht gelungen ist, eine Partnerschaft aufzubauen, die in Richtung Familiengründung ging". Aber es gab für sie „in dieser ganzen bleiernen Post-Schoa-Zeit" auch zu wenige jüdische Männer, die sich eine jüdische Familiengründung mit einer emanzipierten Frau wie ihr vorstellen konnten. Hinzu kam die verunsicherte „jüdische Männlichkeit". „Die damaligen jüdischen Männer in meinem Alter konnten kaum einen Kiddusch sagen. Stattdessen fanden sie frauenfeindliche Stereotype wie die verwöhnte ,jüdische Prinzessin' oder die verachtenswürdige ,jüdische Mutter' lustig."

„Wären wir jünger, mein Mann wäre ein fantastischer Vater geworden. Jetzt sind wir leider über das Alter hinaus. Als ich einmal mit einer jüdischen Freundin darüber sprach, warum sie so spät ihr erstes Kind bekam, sagte sie: ,Ich hatte es mir vorher nicht zugetraut.' Das beschäftigt mich bis heute. Vielleicht war es auch so mit mir. Vielleicht habe ich eine bestimmte Lebensangst, die typisch für die Kinder der Überlebenden ist." Heute kann Rabbinerin Klapheck über dieses schmerzhafte Thema offen reden, „aber nur, weil ich glücklich verheiratet bin". Wie ehrlich sie mit diesen sehr persönlichen Themen umgeht, ist bemerkenswert. Das ist ein untrügliches Zeichen ihres authentischen Charakters und einer starken Persönlichkeit.

2013 heiratete sie den Heidelberger Rechtsanwalt Abraham de Wolf, dessen Eltern aus den USA stammen. Er ist kommunalpolitisch aktiv und außerdem „Sprecher der jüdischen Sozialdemokratinnen und Sozialdemokraten". Das Jüdisch-Politische führte beide auf einer jüdischen Kulturtagung im bayerischen Schloss Elmau zusammen. Seinen Bar-Mitzwa-Unterricht hatte er als Jugendlicher bei einem liberal-konservativen Militärrabbiner in Heidelberg. Damit hatte er ganz andere Zugänge zum Judentum bekommen als damals die meisten gleichaltrigen Juden in Deutschland. Mit ihrem Mann feiert sie, wenn sie nicht gerade im Egalitären Minjan ist, den Schabbat zu Hause – „ganz klassisch, ich zünde die Kerzen an, und zusammen trinken wir dann ein Glas Wein".

Eine „Rebbetzin" ist die Frau eines Rabbiners, „also ist Abraham mein Rebbetzer". Ihr Mann koche sehr gern und trat einmal mit der Aussage an die Öffentlichkeit: „In der Küche bestimme ich." Sie seien beide dominante, starke Charaktere, die selbstständig ihren eigenen Weg gehen, auch wenn sie ihn zusammen gehen. Mit ihrem Mann eint sie die Sicht auf das moderne Judentum: „Wir leben in Deutschland, sind keine Zionisten, aber wir sind stolz auf die demokratische Gesellschaft in Israel und unterstützen sie im Rahmen unserer Möglichkeiten." Inzwischen publiziert auch ihr Mann in ihrer Reihe *Machloket* zu Themen der jüdischen Rechtstradition im Lichte gesellschaftspolitischer Herausforderungen. Er hat überdies ein Buch über den Vater des deutschen Arbeitsrechts geschrieben mit dem Titel „Hugo Sinzheimer und das jüdische Denken im deutschen Arbeitsrecht".

Nochmals auf den Feminismus angesprochen sagt Rabbinerin Elisa Klapheck, dass ihre publizistischen Werke eine Fortsetzung ihrer jüdisch-feministischen Auseinandersetzung seien – jedoch auf neuen Feldern. „Der Feminismus hat mir als Frau viel Bestärkung gegeben und tut es auch heute. Doch ich bin nicht dabei stehen geblieben." Nach wie vor gehe es um Emanzipation, Gerechtigkeit, eine kommende bessere Welt. „Wenn Frauen sich nur für Kultur, aber nicht für Wirtschaft interessieren, ja sogar meinen, es sich leisten zu können, keine Ahnung von Wirtschaft zu haben und das Thema den Männern überlassen, ist das nicht nur antifeministisch, sondern eine durch und durch unethische Einstellung. Demgegenüber verlangt das Judentum, sich konkret mit allen Feldern der Wirklichkeit zu befassen." Mit dieser Haltung gehörte sie 2011, zusammen mit ihrem Mann, zu den Mitbegründern von „Torat HaKalkala", dem „Verein zur Förderung der angewandten jüdischen Wirtschafts- und Sozialethik" in Frankfurt.

Streitschriften und Dialog

„Wenn ich über das Politische der jüdischen Tradition spreche, meine ich damit nicht den Kampf gegen den Antisemitismus in der deutschen Gesellschaft und auch nur indirekt die Einstellung zur israelischen Politik." Das Politische ist für Elisa Klapheck eine Frage der Perspektive, wie man eine Gesellschaft beurteilt und gestaltet. „Mein Anliegen ist es zu zeigen, dass die jüdische Tradition eine politische Einstellung hat. Das bedeutete in der Vergangenheit vor allem Emanzipation mit einem messianischen Aspekt, also der Verbesserung der Gesellschaft – in Kombination mit einer anzuwendenden Rechtskultur."

Die jüdische Religion habe darum von vornherein auch einen intellektuellen Anspruch, der sich im rabbinischen Schrifttum manifestiert. „Dieser Anspruch muss auch in der Gegenwart neu erfüllt werden." Klapheck will ihm in ihrer Schriftenreihe „Machloket/Streitschriften" gerecht werden. Pro Jahr veröffentlicht sie ein bis zwei lesefreundliche Bände, in denen sich jüdische und judentumsnahe Autoren in einem vertiefenden Aufsatz zu gesellschaftlichen Herausforderungen im Lichte der jüdischen Tradition äußern. Der in dieser Reihe erschienene Band „Deutschland braucht jüdischen Religionsunterricht" ist ein wichtiger Beitrag zur bildungspolitischen Debatte in der Bundesrepublik. Auf ihre Publikationen zur jüdischen Wirtschafts- und Sozialethik ist Klapheck besonders stolz. „Der höchste Wert einer Kultur spiegelt sich immer auch im Materiellen. Die Antisemiten werfen den Juden vor, geldorientiert zu sein. Tatsächlich hat die jüdische Religion bereits in der Tora gefragt, was die Werte, auch die ethischen Werte, die Gesellschaft kosten. Die Finanzierung ethischer Standards ist Teil der religionsgesetzlichen, halachischen Auseinandersetzungen in der Bibel und im Talmud." Hier spielt für Rabbinerin Klapheck auch die jüdische Auffassung von Gerechtigkeit mit hinein. „Das Judentum fokussiert beim Thema Gerechtigkeit nicht nur auf Hilfe für Arme, sondern fordert die Gesellschaft insgesamt auf, Möglichkeiten zu schaffen, durch welche die Armen aus eigener Kraft hochkommen und gleichberechtigt zum Gemeinwohl beitragen können. Es geht nicht um Almosen, es geht um Teilhabe."

Die Reihe „Machloket/Streitschriften" richtet sich bewusst nicht nur an ein jüdisches Publikum. „Ich bin der Meinung, dass man nicht Jude sein muss, um sich in der jüdischen Tradition zu sehen. Ich möchte Nichtjuden bestärken, bestimmte Werte des Judentums auch für sich zu reklamieren, so wie wir ja auch die von der griechischen Philosophie hervorgebrachten demokratischen Werte hochhalten, ohne deswegen Griechen werden zu müssen."

Im interreligiösen Dialog stört sie, dass die Vorgaben zumeist aus den Glaubensvorstellungen der Christen gemacht werden. Das liegt einerseits an der Kulturdominanz des Christentums. „Wenn wir über Religion sprechen, denken alle, es gehe um den Glauben. Glaube ist für das Christentum wichtig. Nicht aber so sehr für das Judentum. Für uns ist die religiöse Rechtstradition viel wichtiger." Diese sei jedoch den meisten Christen unbekannt. Sie versucht, im Rahmen der Komparativen Theologie in Paderborn die jüdische Position zu stärken. Dass es so schwer ist, jüdisch-religiöse Positionen zu formulieren, die im interreligiösen Dialog diskutiert werden, liege zum Teil auch an einer fehlenden eigenen Sprache. „Wir lassen uns zu sehr mittragen und diskutieren fast immer in den Fragestellungen der anderen." Den christlich-jüdischen Dialog findet Elisa Klapheck aber trotzdem wichtig, weil er Christen eine erweiterte Sicht auf ihre Religion bietet und Jesus in einen jüdischen Kontext setzt. Tatsächlich hat Elisa Klapheck dem christlich-jüdischen Dialog auch selbst einiges zu verdanken. In ihren Anfängen wurde sie von judentumszugewandten Theologinnen und Theologen mit Vortragseinladungen und universitären Lehraufträgen unterstützt. „Ohne die evangelischen und katholischen Akademien wäre ich vielleicht nicht da, wo ich heute bin." Sie würde sich wünschen, dass interreligiöse Formen gefunden werden, durch die auch die jüdische Seite stärker inhaltlich profitieren kann. Das würde aber bedeuten, dass die jüdische Seite stärker Vorgaben mache und mal die christliche, inzwischen auch die islamische Seite darauf eingeht. „Das habe ich noch nicht erlebt." Es würde auch bedeuten, den jüdischen Ausgangspunkt in der Diaspora, keine „Mehrheitsreligion" sein zu können, sondern sich ohne Hegemonialanspruch behaupten zu müssen, auf sich zu beziehen – also erst einmal zuzugeben, dass die tradierte Dominanzgewöhnung in Christentum und Islam grundsätzlich aufgegeben werden muss. „Ich bin mir sicher, dass sowohl die christliche als auch die islamische Theologie unter einer solchen Prämisse zu ganz anderen inhaltlichen Schwerpunkten kommt. Die fortwährende Betonung, Religion sei dazu da, die Armen zu unterstützen, ist ja eine Haltung von oben – aus der Gönnerperspektive. Die jüdische Betonung der Emanzipation ist dem gegenüber eine Zurückweisung dieser Gönnerhaltung und die Versicherung, dass diejenigen, die unten sind, nicht ewig dort bleiben brauchen, sondern sich emanzipieren können." Auch der kritische Dialog mit Gott sowie ein religiöser Pluralismus sind Felder, welche von der jüdischen Tradition her aktiv gestaltet werden könnten. „Aber das bleiben wohl noch lange die Baustellen der Gegenwart."

Publikationen (Auswahl)
„Margarete Susman und ihr jüdischer Beitrag zur politischen Philosophie", Hentrich & Hentrich, Berlin 2014.
„Wie ich Rabbinerin wurde", Herder, Freiburg 2012 (2., mit einem neuen Kapitel erweiterte Auflage von „So bin ich Rabbinerin geworden. Jüdische Herausforderungen – hier und jetzt", 2005).
„Fräulein Rabbiner Jonas – Kann die Frau das rabbinische Amt bekleiden?", Hentrich & Hentrich, Teetz 1999 (2. Auflage 2000).
Herausgeberin der Reihe „Machloket/Streitschriften" zu gesellschaftlichen Gegenwartsfragen aus Sicht der jüdischen Tradition, zuletzt Bd. 5 „Gott braucht den säkularen Rechtsstaat", Hentrich & Hentrich (2020).

Rabbinerin Gesa S. Ederberg
Eine Pionierin im Judentum

Rabbinerin Ederberg ist die Gründerin von Masorti e.V. mit zugehöriger Kita und Grundschule in Berlin. Seit 14 Jahren ist sie für die Synagoge Oranienburger Straße der Jüdischen Gemeinde zu Berlin zuständig. Sie ist mit Rabbiner Nils Ederberg verheiratet und hat drei Kinder.

Gemeinsam mit Freunden gründete sie 1996 den „egalitären Minjan", aus dem dann die Synagoge Oranienburger Straße entstand. Es war eine sonntägliche Kaffeerunde, bei der im Gespräch darüber, wie langweilig die existierenden Synagogen und Gottesdienste seien und wie ärgerlich es sei, dass Frauen nirgends eine aktive Rolle im Gottesdienst haben konnten, spontan die Idee entstand: Warum machen wir nicht etwas Eigenes?

Nachdem im Freundeskreis und darüber hinaus gefragt und eingeladen wurde, trafen sich 60 Interessierte im Gemeindehaus in der Fasanenstraße und beschlossen, gemeinsam einmal im Monat am Freitagabend Gottesdienst zu feiern.

Viele wussten zwar, dass sie ein anderes Gebet wollten als in den etablierten Synagogen, waren aber doch sehr unsicher, wie das aussehen könnte. War es überhaupt in Ordnung, einfach in einem Klassenraum zu sitzen und reihum vorzubeten? Inwieweit sind wir an die klassischen Gebetstexte gebunden – wo ist Raum zum Experimentieren? Viele derer, die da waren, kannten nur Gottesdienste, die von Kantor und Rabbiner – und Chor – gestaltet wurden. Einige brachten Erfahrungen aus den USA und Israel mit, und gemeinsam gelang es, sowohl die Gottesdienste als auch den anschließenden Kiddusch und das Essen vorzubereiten und schön zu gestalten.

Es war der Gruppe wichtig, nicht außerhalb, sondern mit und innerhalb der Gemeinde zu arbeiten. Unterstützung durch die Vorsitzenden Jerzy Kanal und dann Andreas Nachama war vorhanden, und als es um einen permanenten Raum ging, konkret, den kleinen Synagogenraum in der Oranienburger Straße, ließ sich auch die Repräsentantenversammlung der Gemeinde überzeugen – für die Mehrheit der Repräsentanten war zwar klar, dass sie „nie" zu einem egalitären Gottesdienst gehen würden, aber wenn eine Gruppe Gemeindemitglieder das wünschte, wollte man es möglich machen.

So fanden ab 1998 die monatlichen Gottesdienste zu Kabbalat Schabbat in der Oranienburger Straße statt, zu Schawuot wurde, gemeinsam mit der Lauder Foundation, eine Lernnacht gestaltet – die erste in Berlin. Und unmittelbar danach begannen auch die wöchentlichen Schabbatmorgengottesdienste – der erste mit dem traditionellen „Aufruf" vor der Chuppa (d.h. der religiösen Trauung) – für Gesa Ederberg und ihren Mann Nils.

Eigentlich war Gesa Ederbergs Lebensplanung eine ganz andere – nach dem Übertritt zum Judentum plante sie, in die internationale Entwicklungszusammenarbeit zu gehen, anknüpfend an ein soziales Jahr, das sie direkt nach dem Abitur in Chile gemacht hatte: Familienbildung rund um einen Kindergarten, Alphabetisierungskurse für Erwachsene und verschiedene Projekte in der Jugendarbeit in einer Población, einem Elendsviertel, in Santiago de Chile.

Während des Judaistikstudiums in Berlin begann sie, im Rahmen der Jüdischen Volkshochschule russische Zuwanderer in jüdischer Praxis zu unterrichten: Eine Einführung, die gleichzeitig beanspruchte, Menschen ohne Vorkenntnisse den Einstieg zu ermöglichen und zu den großen jüdischen Fragen vorzustoßen. Wochenlang wurde zum Beispiel ein gemeinsamer Pessach-Seder vorbereitet, bei dem die Teilnehmer*innen dann selbst einzelne

Passagen vortrugen – und zwar sowohl den traditionellen Text, als auch die eigenen Gedanken dazu: „Es macht mich glücklich, dass ich nicht nur verstehe, was unsere Tradition sagt, sondern dass ich meine eigene Stimme hinzufügen und das Gelernte an meine Kinder weitergeben kann.", fasste eine Teilnehmerin ihre Erfahrung zusammen.

Aber letztlich war es wohl die Erfahrung mit drei Kindern, die Gesa Ederberg auf ihre Bar und Bat Mizwa in der Synagoge Fraenkelufer vorbereitete, die sie ernsthaft über das Rabbinatsstudium nachdenken ließ: Gemeinsam mit einem Mädchen die Haftara, den Prophetenabschnitt zur Lesung des Tora-Wochenabschnitts zu besprechen, und dann einen eigenen Tallit, einen Gebetsschal zu gestalten, wo aus dem Vers der Haftara „lo wechajil we-lo wekoach – nicht mit Kraft und Gewalt" ein wunderschönes Graffiti entstand, in Knall-Orange und Türkis, die Brücke schlagend zwischen altem Text und der Wirklichkeit einer Zwölfjährigen, war eine prägende Erfahrung, und daraus wurde die Lebensaufgabe: Menschen den Zugang zu ihrem eigenen Judentum aufzuschließen, Hemmschwellen abzubauen und zu ermöglichen, dass Kinder, Jugendliche und Erwachsene sich die Tradition und jüdische Praxis zu eigen machen. Während der Schwerpunkt ihrer Arbeit die innerjüdische Bildungsarbeit ist, ist sie auch im interreligiösen Dialog aktiv und hat mit dem „Sympathiemagazin Judentum Verstehen" eine gut zugängliche Einführung ins Judentum für nichtjüdische Interessierte geschrieben.

Dass sie selbst „von außen" zum Judentum kam, empfindet sie dabei gleichzeitig als Chance und Herausforderung. Nicht in einer jüdischen Familie groß geworden zu sein bedeutet zum Beispiel, die Kinderlieder zu den Feiertagen als Erwachsene zu lernen und erst mit den eigenen Kindern zu erleben, was es bedeutet, mit den jüdischen Festen und Traditionen aufzuwachsen. Ihr Interesse am Judentum entstand schon früh: Ihr Vater arbeitete im internationalen Jugendaustausch und organisierte unter anderem deutsch-israelische Jugendbegegnungen. Freunde und Gäste aus

Israel brachten schon eine frühe Begegnung mit Kaschrut und Schabbatregeln, und das hebräische Alphabet lernte sie mit zehn Jahren. Mit 13 Jahren war sie dann zum ersten Mal in Israel, eine Kombination aus Besuch bei Freunden und einer Rundreise durch das Land. Doch bei allem Interesse am Judentum – auch im Rahmen ihres Studiums der evangelischen Theologie wurde die Lektüre rabbinischer Texte und moderner jüdischer Philosophie zu einem Schwerpunkt – stand ein Übertritt eigentlich nicht zur Debatte. Während eines Studienaufenthalts an der Hebräischen Universität in Jerusalem verschob sich dann aber etwas: Einerseits ein Gefühl des „Angekommenseins" im jüdischen Gottesdienst – die hebräischen Texte und die Melodien fühlten sich einfach „richtig" an, und andererseits die Auseinandersetzung mit der zentralen Frage des jüdisch-christlichen Dialogs: Wie kann das Christentum die Texte des Tanach als Heilige Schrift beanspruchen, ohne dabei das Judentum zu enteignen? Wie legitim ist der christliche Umgang mit Texten, deren zentrale Aussage die Geschichte und der Bund Gottes mit dem Volk Israel sind? Mit klaren Handlungsanweisungen, an die die Kirche sich nur sehr eklektisch gebunden fühlt – an die Ethik ja, aber nicht an den Festkalender und die dazugehörenden Handlungen? Fragen, die die christlichen Gesprächspartner nicht befriedigend beantworten konnten – und die jüdischen Teilnehmer*innen des jüdisch-christlichen Dialogs meinten meist nur lapidar: „Die Fragen, die du dir stellst, stellen wir uns eigentlich auch schon die ganze Zeit und Gott sei Dank müssen wir sie nicht beantworten ..." Dabei wuchs das Gefühl, innerlich eigentlich schon die Seiten gewechselt zu haben. Doch damit stellte sich eine zentrale Frage nur noch umso schärfer: Ist es legitim, als Deutsche sozusagen von der Täter- auf die Opferseite zu wechseln? Judentum ist nicht nur Religion, sondern ganz entscheidend auch Erfahrungsgemeinschaft, eine geteilte Geschichte, für die die Schoa prägend ist. In vielen Gesprächen, gerade auch mit Leuten, die aus Deutschland emigriert waren, fand sie Ermutigung für diesen Schritt: Die eigene

Familiengeschichte bewusst wahrzunehmen, aber sich nicht davon gefangen nehmen zu lassen. So wurden Alice Shalvi, die in Essen geborene feministische Aktivistin, Zeev Falk, der in Breslau geborene Juraprofessor, und Ismar Schorsch, der in Hannover geborene Rabbiner und Kanzler des Jewish Theological Seminary, zu Vorbildern und Begleitern auf dem Weg ins Rabbinat.

2004, als sie schon Rabbinerin war, bat die *Jüdische Allgemeine* Wochenzeitung um den „Pro"-Artikel auf der Pro-und-Contra-Seite zur Frage, ob Konvertiten Führungspositionen in jüdischen Gemeinden übernehmen dürfen. Zur Überraschung der Redaktion entschied sich Ederberg stattdessen dafür, das „Contra" zu schreiben. Sie schrieb: „Was fehlt also jemandem, der als Erwachsener jüdisch geworden ist? So absurd es klingen mag: es fehlt die Erfahrung, wie schwer es sein kann, Jude zu sein. Und das auf ganz unterschiedlichen Ebenen. Relativ harmlos mag sein, dass einem die Erfahrung fehlt, als Kind langweilige und unverständliche Gottesdienste durchgestanden zu haben. [...] Jüdische Familien haben, gerade in Deutschland, unendlich teuer dafür bezahlt, Juden zu sein, ohne eine Wahl zu haben. [...] Kein Wunder, dass das Misstrauen groß ist, wenn jetzt jemand kommt und behauptet, er oder sie wolle zu dieser Schicksalsgemeinschaft dazugehören, letztlich ohne die Konsequenzen kennen zu können. Möglicherweise ist das einzige, was einem selbst an jüdischer Identität geblieben ist, das Vermächtnis der Familie, die Erinnerung an Leid und Zerstörung wachzuhalten. Und dann kommt jemand von außerhalb des Judentums und erklärt, dass Jüdischsein Spaß machen kann und soll, dass jüdische Gemeinden besser funktionieren sollen! Natürlich sollte das so sein, aber nur die Überlebenden und ihre Kinder wissen, wie schwer es ist, nach all der Zerstörung jüdisches Leben gerade in Deutschland neu zu gestalten." Auf der Pro-Seite steht vor allem die Erfahrung, dass in der jüdischen Geschichte immer wieder „Hinzugekommene" zu wichtigen Lehrern und Rabbinern wurden – und letztlich sind es ja die Gemeinden, die entscheiden, wen sie für qualifiziert halten, um Vorstand oder Rabbiner*in zu sein, und dann zählt die einzelne Person, mit dem Gesamtbild ihrer Schwächen und Stärken.

Die Hohen Feiertage 1998 (5759) waren ein zentraler Baustein auf Ederbergs Weg ins Rabbinat: Gemeinsam mit Rabbiner Nathan Peter Levinson leitete sie die Gottesdienste in der Oranienburger Straße – im Großen Saal, da der Synagogenraum schon zu klein war. Durch die Fensterfront des Großen Saales – der ehemaligen Frauenempore – blickt man hinunter in den leeren Raum, der einst der Hauptraum der Synagoge war. Direkt vor dem Gottesdienst sprach Levinson sie an: „Als ich ‚da unten' Bar Mizwa wurde, stand meine Mutter hier oben und sang im Chor. Denkst du, dass das die Leute, die hier sind, interessiert? Soll ich das erzählen?" Diesen Bruch zwischen heutiger jüdischer Gemeinde und der Vorkriegsgemeinde immer wieder bewusst zu machen, und gleichzeitig versuchen, Brücken zu bauen, ist eine der Herausforderungen für Rabbiner und Rabbinerinnen in Deutschland heute.

Dass es weitere zwanzig Jahre dauern sollte, bis ‚da unten' – auf der Freifläche der ehemaligen Synagoge – wieder Gottesdienste zu Rosch Haschana und Jom Kippur stattfanden, und zwar nur, weil aufgrund der Corona-Pandemie Gottesdienste möglichst unter freiem Himmel stattfinden sollten, war beim ersten Gebet im Großen Saal der Oranienburger Straße nicht zu ahnen.

Im Rahmen eines Forschungsaufenthaltes verbrachte Ederberg mehrere Monate in New York, am Jewish Theological Seminary. Der tägliche Minjan, Schabbat und Feiertage mit anderen im Studentenwohnheim, und New York, mit einer jüdischen Vielfalt auf wenigen Quadratkilometern, wie es sonst selten zu finden ist, waren prägend. Sie fand ihr Zuhause innerhalb der Masorti-Strömung, die in den USA „Conservative Judaism" heißt. Ein Judentum, wo Fragen von heute jüdischer Tradition begegnen, wo das Lernen und die Auseinandersetzung mit den rabbinischen Texten die Voraussetzung ist, um Antworten für heute zu finden. Wo Männer und Frauen religiös gleichberechtigt sind – was zunächst einmal heißt, dass Frauen auch zu den Mizwot verpflichtet sind, die traditionellerweise den Männern überlassen wurden. Aus der Verpflichtung erwächst Verantwortung, und daraus dann auch Gestaltungsmöglichkeit.

Für das Rabbinatsstudium entschied sie sich dann aber nicht für New York, sondern für Jerusalem, ganz praktisch: Die Texte, die studiert werden, sind Hebräisch (und Aramäisch), sie in dieser Sprache dann auch zu diskutieren, ermöglicht ein viel tieferes Eindringen. Und wozu den Umweg über das Englische, wenn im rabbinischen Alltag in Deutschland Deutsch und Russisch die entscheidenden Sprachen sein werden? Erst im Nachhinein wurde ihr bewusst, wie wichtig es außerdem war, israelische Kultur und Mentalität von innen zu erleben – eine wesentliche Erfahrung für das Gelingen rabbinischer Arbeit in Deutschland.

Zurück in Berlin gründete sie mit Freunden „Masorti e.V. – Verein zur Förderung der jüdischen Bildung und des jüdischen Lebens". Das Masorti-Lehrhaus tagte im Ederbergschen Wohnzimmer, die Themen spannten sich von Kaschrut, Ökologie und Ehe im Judentum bis zu den Psalmen oder „Wie funktioniert der Talmud?". Gäste aus dem Ausland unterrichteten hier, und Gruppen fanden sich zusammen, um sich eigenständig mit Themen auseinanderzusetzen. Es geht um ein selbstbestimmtes, mündiges Lernen im Geist Franz Rosenzweigs.

Gleichzeitig war sie Rabbinerin der Jüdischen Gemeinde in Weiden in der Oberpfalz, einer typischen kleinen Gemeinde mit ca. 300 Mitgliedern. In Weiden gab es eine Erstaufnahmestelle für jüdische Kontingentflüchtlinge aus der ehemaligen Sowjetunion, und im Laufe von 25 Jahren kamen mehr als 1 400 Menschen über Weiden in Deutschland an. Sozialarbeit war ein wesentlicher Schwerpunkt der Gemeindearbeit, ganz praktische Hilfen bei der Integration in den deutschen Arbeitsmarkt, ebenso intensive Sprachkurse, die in den Gemeinderäumen stattfanden. Dennoch war allen klar, dass der Kern der Gemeindearbeit das jüdische Leben ist, um den herum sich das andere gestaltet. Pessachfeiern mit 150 Teilnehmern fanden statt, die Rabbinerin gab staatlich anerkannten Religionsunterricht für 30 Kinder von der ersten Klasse bis zum Abitur. Aus der Alltagsarbeit entstand ein Projekt für ganz Deutschland: Ein Lehrbuch für den Deutschunterricht mit jüdischen Inhalten. In den Deutschkursen fand normalerweise keine jüdische Bildung statt – und dass Menschen, die gerade erst ins Land gekommen waren, keine Energie für zusätzlichen Religionsunterricht hatten, fand Ederberg nachvollziehbar. Anhand jüdischer Themen deutsche Grammatik und Wortschatz zu üben und gleichzeitig eine Einführung in jüdisches Leben in Deutschland zu erhalten, war das Ziel des Buches, das gemeinsam mit dem Zentralrat im Cornelsen Verlag veröffentlicht wurde. Aufbauend auf ein Standardwerk zum Deutschlernen entwickelte Ederberg zusammen mit der damaligen Gemeindevorsitzenden Gabi Brenner Lektionen mit Überschriften wie „Guten Appetit, wir essen koscher" oder eine Dialogszene mit den nichtjüdischen Nachbarn beim Bau einer Sukka in einem Berliner Innenhof.

Gemeinsam mit befreundeten Familien in Berlin gründete sie eine Kindertagesstätte, einen Ort für „jüdische Familien, die sich für ihre Kinder eine Umgebung wünschen, in der Judentum als Selbstverständlichkeit gelebt wird." 2004 eröffnete die Kita mit sieben Kindern – hebräisch-deutsche Bilingualität und eine geschlechtergerechte Vermittlung gerade auch jüdischer Inhalte zeichnen sie aus. Heute besuchen 80 Kinder die Masorti-Kitas, und in Planung ist ein Drei-Religionen-Kita-Haus: Gemeinsam mit einer christlichen und einer muslimischen Partnerorganisation, dem Evangelischen Kitaverband Mitte-Nord und dem Deutschen Muslimischen Zentrum, wird ein gemeinsames Haus entstehen, eine Umgebung, in der das Zusammenleben verschiedener Religionen und Kulturen schon von frühester Kindheit an als Normalität gelebt und gemeinsam gestaltet wird, ein geschützter Raum, in dem Kinder und Familien ihre religiöse und kulturelle Identität leben und entwickeln können und gleichzeitig in guter Nachbarschaft und respektvollem Gespräch anderen Religionen und Kulturen auf Augenhöhe begegnen. Aus der Projektpartnerschaft haben sich Freundschaften entwickelt, gemeinsames Feiern und auch gegenseitige Solidarität in Krisensituationen.

2013 konnte Masorti einen entscheidenden Schritt tun: Mit dem Zacharias Frankel College wurde ein eigenes Rabbinerseminar eröffnet, ein An-Institut der Universität Potsdam, das eng mit dem Abraham Geiger Kolleg, dem Reformrabbinerseminar, kooperiert. Entscheidend war dabei der Aufbau einer stabilen internationalen Partnerschaft mit der Ziegler School of Rabbinic Studies, dem Masorti-Rabbinerseminar an der American Jewish University in Los Angeles. Einerseits ging es darum, das Rad nicht neu zu erfinden, sondern die Maßstäbe und Inhalte guter Rabbinerausbildung im 21. Jahrhundert zum Ausgangspunkt zu nehmen, und andererseits war es Rabbinerin Ederberg zentral wichtig, dass die zukünftigen Rabbiner*innen von Anfang an international eingebunden sind: Die globale Vernetzung ist heute Voraussetzung für ein gelungenes Rabbinat – der Austausch mit Kolleg*innen weltweit ermöglicht bessere Arbeit.

Als „Assistant Dean", später als „Spiritual Advisor" begleitet sie die Studierenden in der praktischen Ausbildung, supervidiert ihre Praktika und steht als Ansprechpartnerin zur Verfügung.

Ihre jüngste Gründung ist die „Jewish International School – Masorti Grundschule", die im August 2018 mit 22 Kindern in Charlottenburg eröffnet wurde. Die Gründung war wesentlich auf die Bitte und Initiative von Eltern aus den Masorti-Kitas zurückzuführen, die sich wünschten, dass die Art, wie Judentum in der Kita gelebt und gelernt wird, auch in der Grundschule weitergehen sollte. Offene Lernformen, jahrgangsübergreifendes Lernen und Bilingualität prägen die Schule, deren Kinder neben Deutsch, Hebräisch, Russisch und Englisch viele weitere Familiensprachen mitbringen.

Die Synagoge Oranienburger Straße hat sich bei zunehmender Professionalisierung ihren partizipatorischen Charakter erhalten – die Toralesung wird von den Beter*innen selbst vorbereitet, und schon die Bar- und Bat-Mizwa-Kinder übernehmen Aufgaben im Gottesdienst. Parallele Lernangebote und Kindergottesdienste für verschiedene Altersgruppen sind ebenso charakteristisch wie die Vielzahl an Schiurim (Vorträgen und Workshops), die durch Mitglieder der Synagoge sowie Rabbiner*innen aus dem In- und Ausland gehalten werden.

Ein weiterer Schwerpunkt rabbinischer Arbeit ist das Machon Legiur, ein Programm für patrilineare Juden und Jüdinnen. Nach der Halacha wird die jüdische Identität durch die Mutter festgelegt. Einen jüdischen Vater zu haben ist für Viele jedoch, gerade auch für Zuwanderer aus der ehemaligen Sowjetunion, die Grundlage eigener jüdischer Identität. Diese Identität ernst zu nehmen, sie um religiöses Lernen zu ergänzen und dann einen formellen Übertritt vor dem Bet Din, dem Rabbinatsgericht, zu ermöglichen, ist die Zielsetzung dieses Projekts – Gleichberechtigung in diesem Falle andersherum: Während die Halacha den jüdischen Vater benachteiligt, sieht Rabbinerin Ederberg hier die Notwendigkeit, die Türen zu öffnen, um Menschen willkommen zu heißen.

Gesa Ederberg wurde als „erste Rabbinerin in Bayern" und „erste Rabbinerin nach der Schoa in Berlin" bezeichnet – ihr selbst ist es wichtig, sich in die Tradition der starken Frauen vor ihr zu stellen: Rabbinerin Regina Jonas, die auch schon in der Synagoge Oranienburger Straße amtierte und in der Jüdischen Gemeinde zu Berlin Religionsunterricht gab, und Rabbiner Bea Wyler, die von 1994 bis 2004 als Masorti-Rabbinerin in Oldenburg amtierte. Als sie vor 18 Jahren ordiniert wurde, war ihr sehr wichtig, dass eine Frau unter den drei Ordinierenden war – um deutlich zu machen, dass Frauen schon Teil der rabbinischen Traditionskette sind. Und diese geht zurück bis zur biblischen Prophetin Debora, die „Richterin" war – also die Kernaufgabe des traditionellen Rabbineramtes erfüllte.

Der Austausch mit Kolleg*innen in Deutschland, aber vor allem auch in Israel und den USA ermöglicht ihr immer wieder, einen Schritt aus dem Alltag hinauszutreten und die größere Perspektive wahrzunehmen. Als Mitglied des Vorstandes der „International Rabbinical Assembly of Masorti/Conservative Rabbis", dem Dachverband der weltweit 1 700 Masorti-Rabbiner*innen, ist sie engagiert, rabbinisches Arbeiten und die rabbinische Ausbildung immer wieder neu zu denken, um tragfähige Antworten auf die Fragen unserer Zeit aus den jüdischen Quellen zu finden. 2020 erhielt sie die Louise-Schröder-Medaille des Abgeordnetenhauses in Berlin für besondere Verdienste um Demokratie, friedliches Miteinander und Gendergerechtigkeit, benannt nach der ersten Bürgermeisterin der Stadt Berlin.

Rabbinerin Alina Treiger

„Wir haben uns in Oldenburg verliebt, weil wir diese Vielfalt immer aufs Neue erleben und uns als selbstbewusste Juden hier sehr wohl fühlen."

Die singende Rabbinerin: Vor gut zwei Jahrzehnten machte sich Alina Treiger von Moskau auf den Weg nach Deutschland, um Rabbinerin zu werden.

Vor zwei Jahrzehnten traf eine damals 22-jährige junge Ukrainerin am Moskauer „Institut für Progressives Judentum" eine Entscheidung, die ihr Leben verändern sollte. Sie erhielt die Möglichkeit, zum Studium nach Deutschland zu gehen, und zwar an das Abraham Geiger Kolleg nach Berlin und an die Universität Potsdam. Die junge Frau heißt Alina Treiger und wurde als erste Frau nach Regina Jonas und nach der Schoa in Deutschland zur Rabbinerin ordiniert. Seit einem knappen Jahrzehnt leitet sie die jüdischen Gemeinden in Oldenburg und Delmenhorst in Niedersachsen.

„Mein jüdischer Vater wurde in Moldawien geboren und meine Mutter war wahrscheinlich väterlicherseits ebenfalls jüdisch, dies war allerdings nicht offiziell anerkannt. Nach der Halacha ist dagegen jedes von einer jüdischen Mutter geborene Kind automatisch jüdisch", erklärt die junge Rabbinerin, „daher habe ich in meinen jungen Jahren dann eine Statusklärung/ Gijur gemacht, um meinen jüdischen Status zu bestätigen. In der Sowjetunion war jedoch aus Sicht des Staates die väterliche Linie mit Blick auf die jüdischen Wurzeln entscheidend und nicht die mütterliche. Hier galt das Judentum als ethnisches Merkmal, und dieses richtete sich nach der väterlichen Herkunft.

Es gab in der ehemaligen Sowjetunion viele Menschen, die ihre jüdische Abstammung und jüdische Identität verbargen. Wir haben uns trotzdem immer als Juden zu erkennen gegeben und uns nicht versteckt. Mein Vater, meine Mutter und ich haben uns offen zum Judentum bekannt, auch wenn das mit Nachteilen verbunden war", erzählt Alina Treiger (Jahrgang 1979).

Geboren wurde Alina in der zentralukrainischen Stadt Poltawa, etwa 350 Kilometer südöstlich der Hauptstadt Kiew, wo sie auch ihre Kindheit und Jugend verbrachte. „Ich wuchs in einer sowjetischen Familie auf, allerdings immer in dem Bewusstsein, dass ich ein jüdisches Kind bin", erzählt sie im Gemeindehaus in Oldenburg.

Sicher kam dies auch durch das enge Verhältnis zu ihrem verstorbenen Vater Refael: „Für mich war er ein herzenswarmer und lustiger Mensch. Ich habe ihn sehr geliebt." Die Familie Treiger stammt ursprünglich aus der Stadt Bender in Moldawien, wo der Anteil der Juden an der Stadtbevölkerung im 19. und frühen 20. Jahrhundert fast 30 Prozent ausmachte. Heute ist es die zweitgrößte Stadt des international nicht anerkannten Staates Transnistrien, und die Zahl der Juden ist auf wenige Hundert zurückgegangen.

Alina Treiger kommt aus einfachen Verhältnissen. Ihr Vater war erst Fabrikarbeiter und später in einem Supermarkt bei der Annahme von leeren Glasflaschen beschäftigt. „Es war ein körperlich anstrengender und recht schmutziger Job in einem unbeheizten Raum. Die Arbeitsbedingungen waren schrecklich. Im Sommer war es dort unangenehm heiß und im Winter bitterkalt", erinnert sich Rabbinerin Treiger, die ihn als Kind dort öfters besuchte. Sie vermutet, dass ihr Vater durch diese Arbeit seine Gesundheit einbüßte und deshalb recht früh verstarb.

Ihre Mutter Nadeshda arbeitete zunächst für kurze Zeit in ihrem erlernten Beruf als Lebensmitteltechnikerin, später war sie als Ingenieurin in einem Elektrobetrieb für den Stromverbrauch von Firmenkunden zuständig. Alinas Mutter hatte einen entscheidenden Anteil am jüdischen Selbstverständnis ihrer Tochter. So kam es, dass Alina mit 19 Jahren noch vor ihrer Mutter in Moskau offiziell zum Judentum übertrat. „Meine Mutter hat das Schicksal des jüdischen Volkes auch für sich angenommen, und sie hat meine jüdische Erziehung sehr unterstützt. Sie war selber sehr aktiv in der jüdischen Gemeinde und hat dort zum Beispiel im Chor gesungen."

Alina Treiger verstand sich bereits in jungen Jahren als moderne und aktive Frau im liberalen Judentum – bei der Liturgie und im Gottesdienst gleichberechtigt mit den Männern. Mit Wissensdurst und Lerneifer näherte sie sich nach dem Besuch der Musikakademie in der Ukraine dem Umgang mit den rabbinischen Quellen immer weiter an. Schnell wurden ihre Lehrer in Moskau auf die ehrgeizige Studentin aufmerksam. Eines Tages bot sich ihr eine besondere Chance: Aus 25 Studenten wurde sie zusammen mit zwei weiteren Kommilitonen dazu ausgewählt, ein Rabbinatsstudium im Ausland aufzunehmen. „Eigentlich sollten wir nach London ans Leo Baeck College gehen." Doch genau in dieser Zeit erschien in Moskau ein Professor mit süddeutschem Akzent: Rabbiner Walter Homolka. „Er stellte uns das Abraham Geiger Kolleg vor." Man sei dort bereit, einige der Studenten aus Moskau zu immatrikulieren.

Von Moskau nach Berlin

So machte sich Alina Treiger vor fast 20 Jahren auf den Weg von Moskau nach Berlin: „Mit offenem Ausgang, denn eigentlich waren wir ein Experiment. Ich wusste nicht, schaffe ich das überhaupt, auf Deutsch zu studieren? Schaffe ich dieses rabbinische Studium, denn ich konnte damals kein Wort Deutsch, nicht mal ein Straßenschild lesen", erzählt sie rückblickend mit einem charmanten Lächeln. Aber weil sie „jung, wissbegierig, mutig und abenteuerlustig war", wie sie sagt, wagte sie den Sprung ins kalte Wasser. Neben dem Erlernen der deutschen Sprache wurde sie unter anderem in Hameln in der jüdischen Gemeinde als Praktikantin eingesetzt, wo es damals wie heute viele russischsprachige Mitglieder gibt.

Ihr Rabbinatsstudium am Abraham Geiger Kolleg in Berlin hat Alina Treiger „sehr genossen". Neben den Jüdischen Studien und der Religionswissenschaft studierte sie im Magisterstudium im Nebenfach Psychologie. „Das ist auch mit Blick auf die heutige Gemeindearbeit ein wichtiger, spannender Bereich." Dies hilft ihr vor allem beim Umgang mit Menschen in kritischen Situationen – bei Persönlichkeitsstörungen, traumatischen Erlebnissen, Trauer, schwierigen Familiensituationen oder bei Menschen in Übergangssituationen, wie auch bei Konversionen zum Judentum. Dank dieser Grundausbildung in Psychologie „wurde ich diplomatischer, geduldiger und verständnisvoller." Sie sagt selbst über sich, „ein friedlicher Mensch" zu sein, und „es tut mir persönlich weh, wenn es Konflikte gibt." Also legt sie „großen Wert auf Vermittlung und auf soziale Faktoren in der Gemeinde. Jeder – ob jung oder alt – hat seine Individualität und möchte geschätzt werden."

2010 erhielt Alina Treiger in der Synagoge Pestalozzistraße in Berlin ihre rabbinische Ordination – 75 Jahre nach Regina Jonas, der ersten ordinierten Rabbinerin weltweit. Wie geht Rabbinerin Treiger im 21. Jahrhundert mit diesem historischen Erbe von Regina Jonas um? Für Alina Treiger war es ein Prozess der Selbstfindung, bei dem ihr erst allmählich klar wurde, wie sie als Rabbinerin sein möchte. „Mir ist das erst kurz vor der Ordination bewusst geworden", rekapituliert sie für sich. „Regina Jonas ist für mich eine Repräsentantin des deutschen Judentums vor dem Zweiten Weltkrieg. Bei mir ist die Geschichte etwas anders. Ich komme aus der Ukraine und bin eine Einwanderin." Sie fühle sich „aus einer anderen Epoche". In diesem Sinne hätten andere, in Deutschland geborene Rabbinerinnen – wie Elisa Klapheck, die heute in Frankfurt am Main wirkt, oder Gesa Ederberg in der Neuen Synagoge in der Oranienburger Straße in Berlin – sicher einen anderen Zugang zu Regina Jonas. „Leider ist Rabbinerin Jonas' Leben auch mit diesem grausamen Ende verbunden – mit dem Holocaust. Zudem lebte sie in einer Zeit, wo Frauen im geistlichen Amt noch stark abgelehnt wurden. Ich hingegen lebe in einer Zeit, wo viele Rabbinerinnen mir schon den Weg ebneten."

Neben der eher ideellen Beziehung zu Regina Jonas hat Alina Treiger eine reale Verbindung zu der Frau, die nach dem Zweiten Weltkrieg in Deutschland zur ersten Gemeinderabbinerin wurde. Es ist die in der Schweiz geborene Bea Wyler, die als eine ihrer Vorgängerinnen in Oldenburg wirkte. „Rabbiner Wyler hat in den 90er Jahren des vorigen Jahrhunderts hart gekämpft, um anerkannt zu werden, und sie hat sehr viel für den Aufbau dieser Gemeinde geleistet. Sie hat vielen Menschen systematisch beigebracht, wie man betet, wie die halachischen Vorschriften lauten oder die Mikwe funktioniert. Aber Rabbinerin wollte sie nicht genannt werden. Bis heute besteht sie darauf, als ‚Frau Rabbiner' angesprochen zu werden." All das sei bis heute noch sehr präsent in der Oldenburger jüdischen Gemeinde. „Damals wollte kein orthodoxer Rabbiner mit ihr zu tun haben. Sie musste sich in der männlichen Welt durchsetzen, gegen Widerstände kämpfen und sich beweisen. Das war bei mir schon ganz anders. Ich habe es leichter gehabt."

Von den Ratschlägen ihrer Vorgängerin hat Alina Treiger gern profitiert, obwohl sich die Lebenssituationen beider Frauen nur bedingt vergleichen lassen, weil Rabbinerin Treiger als zweifache Mutter auch zusätzliche andere Verpflichtungen hat als Bea Wyler zu ihrer Zeit in Oldenburg. „Sie hat immer perfekt ihre

Predigten vorbereitet, war streng bei der Unterrichtsvorbereitung und im Umgang mit den Bat- und Bar-Mitzwa-Kindern, und sie hat sich einen Studientag pro Woche freigehalten – das kann ich aus zeitlichen Gründen leider nicht", bedauert Rabbinerin Treiger. Auch im Umgang mit den Kindern und Jugendlichen unterscheiden sich beide deutlich. „Für mich ist es nicht so wichtig, dass Kinder perfektes Wissen vortragen können, sondern dass sie sich in der Gemeinde zu Hause fühlen", sagt Alina Treiger heute.

Nach Rabbiner Wylers Rückkehr in die Schweiz gab es einige Zeit keinen Kontakt zu ihr. Mittlerweile besucht sie in größeren Abständen wieder regelmäßig ihre ehemalige Oldenburger Gemeinde. „Viele Menschen erinnern sich noch gern an ihre Vorträge und das hohe intellektuelle Niveau dabei."

Jüdische Gemeinde in Oldenburg

Warum hat sich das liberale Judentum im Nordwesten Deutschlands gerade in Oldenburg so gut etabliert? „Ich denke, das hat mit dem Zeitgeist zu tun, und natürlich mit der feministischen Bewegung, die ihre Früchte auch im Rabbinat in Amerika, England oder eben in Deutschland trug", sagt Alina Treiger. „Die ersten Rabbinerinnen wollten gleichberechtigt sein. Doch sie brauchten dafür noch die Bereitschaft von Männern, ihnen diese Gleichberechtigung auch zu gönnen." Außerdem gab es in Oldenburg in den 90er Jahren des 20. Jahrhunderts eine Zuwanderung von zahlreichen russischen Juden. „Das war eine Chance für das Reformjudentum. Eine entscheidende Rolle für die Ausrichtung der Gemeinde spielte die erste Vorsitzende der oldenburgischen jüdischen Gemeinde ab 1992, Frau Sara-Ruth Schumann. Sie lud damals Rabbiner Bea Wyler nach Oldenburg ein. Der jüdische Landesverband von Niedersachsen war dann auch der erste in Deutschland, der bereit war, eine Frau als Rabbinerin einzustellen."

Die jüdische Gemeinde Oldenburg hat derzeit 330 Mitglieder, aber ein großer Teil der in den 90er Jahren aus der ehemaligen Sowjetunion nach Deutschland eingewanderten Juden „geht weg – also verstirbt", stellt Rabbinerin Treiger nüchtern fest. „Zu unseren Gemeindemitgliedern zählen aber nicht nur Frauen und Männer aus den ehemaligen Sowjetrepubliken und aus Deutschland, sondern auch Holländer, Israelis, einige aus Chile, Argentinien, Marokko, der Türkei und Frankreich – also sehr international."

Nur wenige verlassen die Gemeinde in Richtung Israel, weil sie hier in Deutschland mit der politischen Lage unzufrieden sind. „Unser Ziel war und ist es immer, das jüdische Leben in Deutschland auf- und auszubauen und nicht auszuwandern. Natürlich müssen wir wachsam sein, und wir beobachten genau die politischen Entwicklungen", betont Alina Treiger. Aber es sei problemlos möglich, mit der Kippa durch die Innenstadt zu laufen, ohne Anfeindungen ausgesetzt zu sein. Die meisten Mitglieder in ihrer Gemeinde haben eine positive Grundeinstellung: „Wir leben hier in Oldenburg auf einer Insel der Glücklichen."

Im März 1995 bezog die Gemeinde die Synagoge an der Wilhelmstraße. Die Stadt hatte das 100-jährige Gebäude – eine ehemalige christliche Kirche – saniert und der Gemeinde zur Verfügung gestellt. Durch die Zuwanderung aus der ehemaligen Sowjetunion war die jüdische Gemeinde zu diesem Zeitpunkt damals bereits stark angewachsen. Mindestens zwei Mal im Monat gibt es hier Schabbatgottesdienste. Das Gemeindehaus und die Mikwe wurden im Jahr 2000 fertiggestellt, und kurz darauf konnte ein neuer Friedhof gekauft werden.

Am 6. August 1992 war die jüdische Gemeinde zu Oldenburg wiedergegründet worden. Es war nach der Schoa der zweite Versuch, jüdisches Leben in der norddeutschen Stadt wieder zu etablieren. Die Gründungsversammlung mit 34 Personen hatte große Aufmerksamkeit in der deutsch-jüdischen Welt erlangt, denn die dort praktizierte Geschlechtergleichberechtigung war bis dahin unüblich und sorgte für entsprechende Irritationen. Von 1992 bis 1995 war der damalige Landesrabbiner von Niedersachsen, Dr. Henry Brandt, für die jüdische Gemeinde in Oldenburg mit zuständig. Dann übernahm bis 2004 Frau Rabbiner Bea Wyler ihr Amt als Gemeinderabbinerin vor Ort. Von 2006 bis 2008 folgte Rabbiner Daniel Alter. Nach ihm war Jonah Sievers als Landesrabbiner von Niedersachsen übergangsweise für alle rabbinischen Entscheidungen zuständig, bis schließlich im November 2010 Rabbinerin Alina Treiger ihr Amt in der Gemeinde antrat.

Jüdische Gemeinde in Delmenhorst

In Delmenhorst befindet sich die zweite Gemeinde, die von Rabbinerin Treiger betreut wird. Die etwa 170 Mitglieder zählende dortige Gemeinde hat von der Stadt Delmenhorst Räume für ihr Gemeindezentrum mit Gebetsraum angemietet. Einmal im Monat findet hier ein zweisprachiger Schabbatgottesdienst unter der Leitung von Rabbinerin Treiger statt, und alle zwei Wochen gibt sie dort Religionsunterricht. Auch Bat- und Bar-Mitzwa-Feiern, Hochzeiten und Zusammenkünfte zu den jüdischen Feiertagen werden abgehalten. Die Gemeinde Delmenhorst besitzt zudem seit dem 19. Jahrhundert einen eigenen jüdischen Friedhof.

Wohl seien jüdische Gläubige in Delmenhorst, wie andernorts in Deutschland auch, etwas vorsichtiger, sich äußerlich zu ihrem Glauben zu bekennen. Insgesamt ist die jüdische Gemeinde aber gut in die Stadt eingebunden, und sie erhält zu den Gedenkveranstaltungen viele Solidaritätsbekundungen. Die Zusammenarbeit der beiden jüdischen Gemeinden von Oldenburg und Delmenhorst ist vor allem durch die sehr intensive Jugendarbeit von Rabbinerin Treiger äußerst lebendig, wie Pedro Benjamin Becerra, der 1. Vorsitzende der Gemeinde Delmenhorst, betont.

Jugendarbeit und „Jewrovision"

Rabbinerin Treigers Erfahrung als Mutter von zwei Jungen kommt dem aktiven Gemeindeleben sehr zugute. Sie weiß, was Kinder und Jugendliche von einer lebendigen jüdischen Gemeinde erwarten. „Noch bevor ich selbst Kinder hatte, setzte ich schon Schwerpunkte bei der Kinder- und Jugendarbeit, weil die Zukunft der Gemeinde davon abhängt, ob es Nachwuchs gibt." Die jungen Menschen wollten viel von ihr wissen, angefangen davon, was es konkret heißt, koscher zu leben, bis hin zu der Frage, wie es im Judentum mit dem Sex vor der Ehe sei. „Natürlich müssen wir ihnen auch erklären, warum wir nicht Ostern oder Weihnachten feiern." Jüdische Kinder sollten sich nicht verstecken oder gar schämen müssen oder unwohl fühlen, nur weil andere ihre christlichen Feste feiern. Und sie sollen auch nicht ausgeschlossen sein aus der Gemeinschaft anderer Kinder. Deshalb sei der Dialog mit Menschen anderen Glaubens so wichtig – schon im Kindergarten und in der Schule. „Wenn sie an Halloween mit nichtjüdischen Kindern mitlaufen, dann sagen sie mittlerweile von sich aus, wir essen aber keine Gelatine, also bitte keine Gummibärchen!", denn Gelatine stammt häufig vom Schwein und ist damit nach den Kaschrut, den jüdischen Speisegesetzen, verboten.

Mit Blick auf die Familien- und Jugendarbeit hebt Rabbinerin Treiger hervor: „Wir hatten bei uns in Oldenburg schon immer den Anspruch auf ein lebendiges, jüdisches Gemeindeleben, besonders mit einem Schwerpunkt auf der Jugend, obwohl es oft an ausreichenden finanziellen Mitteln fehlte." Gerade macht ein junger Mann seinen Bundesfreiwilligendienst im Gemeindezentrum, gleich neben der Synagoge. „Unser ‚Bufdi' Mosche kennt sich hier gut aus und ist eine große Unterstützung – ob im Alltag oder bei den Feiertagen. Ich kenne ihn und seine Familie seit seinem fünften Lebensjahr. Er war in der Sonntagsschule sowie im Jugendzentrum, wo er heute auch als Madrich, also als Betreuer einer Kwutza, einer Jugendgruppe, tätig ist", berichtet Alina Treiger.

Zum wichtigsten Projekt der jüdischen Jugendarbeit in Oldenburg wurde in den vergangenen Jahren die Teilnahme von etwa 20 Mädchen und Jungen im Alter von 10 bis 19 Jahren am „Jewrovision Song Contest", dem großen deutschlandweiten jüdischen Gesangs- und Tanzwettbewerb für Jugendliche, der sich am Konzept des Eurovision Song Contest orientiert. Die „Jewrovision" war ursprünglich von der Zentralwohlfahrtsstelle der Juden in Deutschland im Jahr 2002 auf einer Wochenendfreizeit in Rheinland-Pfalz angeregt worden. Der Zentralrat der Juden fördert finanziell und ideell den künstlerischen Wettbewerb, bei der die jüdischen Jugendlichen selbstgedrehte Kurzfilme einreichen und anschließend choreographierte Live-Auftritte präsentieren, jedes Jahr in einer anderen Stadt. Unterstützt wird das Programm auch vom Bundesfamilienministerium sowie den Ministerpräsidenten des jeweiligen Bundeslandes, in dem der Wettbewerb gerade stattfindet.

Den Teilnehmern werden jeweils drei Monate vorab Themen für ihre Darbietungen genannt. Für 2019 war das zum Beispiel „Chai" („Leben"). Die möglichen Schwerpunkte für die Darbietungen waren hier: „Was ist wichtig in meinem persönlichen Leben? Meine Freiheit, das Leben so zu gestalten, wie ich es möchte." Themen in den Vorjahren lauteten: „The Circle of Life" oder „United Cultures of Judaism", „Von Generation zu Generation" und andere. Es wurden dabei Themenkreise bearbeitet wie „Der Überlebenswille des jüdischen Volkes", „Think positive! Die schönen Seiten des jüdischen Lebens in Deutschland" oder „Nie wieder verstecken! Ein offenes und selbstbewusstes jüdisches Leben. Jüdische Symbole sichtbar machen!?", zudem „Wertschätzung des Lebens aus Sicht des Judentums" und „Die Verantwortung der Diaspora für das Überleben des jüdischen Staates Israel". Für den Videodreh sollten die Jugendlichen beispielsweise aus den Biographien von Persönlichkeiten in ihrer Gemeinde erzählen, die sich für das aktive Leben in ihren jeweiligen Heimatgemeinden besonders verdient gemacht haben.

Ähnlich wie bei der Makkabiade, der „jüdischen Olympiade", rief der Präsident des Zentralrates der Juden in Deutschland Dr. Josef Schuster den Mädchen und Jungen bei der Eröffnung der Jewrovision 2019 in Frankfurt/Main zu: „Jewrovision Chai!" („Jewrovision lebt!"). Dabei forderte er die teilnehmenden Jugendlichen dazu auf, ihre „Jüdischkeit selbstbewusst zu leben. Genießt den Zusammenhalt in eurer Gruppe. Genießt euren Auftritt!", was dann auch bei Rap, Hip-Hop, Jazz, Musicalmelodien und israelischer Popmusik in Englisch, Deutsch oder Hebräisch intensiv ausgelebt wurde.

Immer wieder gelingt es, Prominente für die Jewrovision-Jury zu gewinnen, wie den bekannten Komponisten, Arrangeur und Musiker Ralph Siegel, der die „Jewrovision" in der *Süddeutschen Zeitung* einmal als „eine liebenswerte Miniaturausgabe des Grand Prix" bezeichnete. Von Jahr zu Jahr wurde diese bei den jüdischen Kindern und Jugendlichen äußerst beliebte Show immer größer und aufwendiger inszeniert. Regelmäßig begleitet von der Wochenzeitung *Jüdische Allgemeine* als Medienpartner, berichten mittlerweile viele lokale und überregionale Medien von diesem Event, der als Livestream auch ins Internet übertragen wird.

„Obwohl wir eine kleine Gemeinde sind, haben wir uns vor gut sechs Jahren entschieden, an der Jewrovision teilzunehmen. Es motiviert und fördert die Jugendlichen und stiftet jüdische Identität auf eine sehr moderne Art und Weise. Wir waren zum Beispiel 2014 in Hamburg oder 2016 in Mannheim dabei – aber leider nie die Ersten. Einmal waren wir sogar die Letzten – das war etwas frustrierend", bedauert Rabbinerin Treiger. „Aber am Ende zählen nicht Sieg oder Niederlage, sondern die Teilnahme sowie der Spaß unserer talentierten Kinder an der Sache!" Sie selbst coacht ihr Team im Gesang. „Das bringt mir als Rabbinerin selbst viel Freude." Gleichzeitig betont sie, dass die Teilnahme der Jugendlichen an der Jewrovision aber nicht nur ihr Verdienst sei, sondern dass der Vorstand und die Eltern Großes leisten, um dieses Projekt für die Jugendlichen der Gemeinde zu ermöglichen. Im „Jugendzimmer" des Gemeindehauses in Oldenburg zeugen

Pokale und Urkunden von diversen Veranstaltungen von der intensiven Arbeit mit den jungen Menschen. „Die Jugendarbeit schweißt zusammen, und nach der Bar- oder Bat-Mitzwa werden einige der jungen Leute auch als Vorbeter oder Toraleser im Gottesdienst aktiv", bilanziert Alina Treiger.

Vorträge, Reisen und Treffen mit den Senioren

Die älteren russischsprachigen Senioren treffen sich einmal im Monat bei Tee und Kuchen, und zu den jüdischen Feiertagen essen sie gerne zusammen. „Sie organisieren auch Vorträge für sich auf Russisch – was für die deutschsprachigen Senioren leider eine Hürde zur Teilnahme ist." Die Senioren schreiben zudem Berichte oder Interviews in der Gemeindezeitung *Der Bote*, die auf Russisch („Westnik") und Deutsch erscheint. Zwar sei die Gemeindesprache mittlerweile Deutsch, „doch Russisch ist bei den Älteren nach wie vor dominant. Aber in den Gottesdiensten predige ich konsequent auf Deutsch." Mittlerweile spricht Alina Treiger auch frei. „Wenn ich vom Blatt ablese, kommen zwar seltener Fehler vor, aber es ist für alle netter, wenn man frei predigt", ist Alina Treiger überzeugt. Dabei muss man sich vor Augen halten, dass die heutige Rabbinerin seinerzeit nicht einmal die Straßenschilder lesen konnte, als sie als Studentin nach Deutschland kam, und die Sprache parallel zum Studium von Grund auf erlernen musste. In Privatgesprächen verwendet sie oft noch Russisch, „deshalb werde ich meinen Akzent vermutlich nie los", bemerkt sie selbstkritisch. Aber eigentlich störe sie das auch nicht.

Gemeinderabbinerin in einer liberal geprägten Einheitsgemeinde

Im Unterschied zu anderen Rabbinerinnen trägt Alina Treiger keine Kippa, „weil ich das als männliches Kleidungsstück ansehe und es für Frauen keine Vorschrift gibt, sie zu tragen." Für sie und die meisten ihrer weiblichen Gemeindemitglieder „gehört die Kippa zu einem Mann und nicht zu einer Frau. Wir haben uns in Oldenburg dagegen entschieden. Ich bin auch keine feministische Rabbinerin", stellt sie klar.

„Das Modell der Einheitsgemeinde in Oldenburg möchte alle Juden integrieren, auch sephardische Juden oder Familien, die eher aus dem traditionellen, orthodoxen Umfeld kommen. Es gehört aber seit Bea Wyler mittlerweile zur Tradition in unserer Gemeinde, dass man(n) auch mit einer weiblichen Autorität zurechtkommt." Alina Treiger selbst möchte sich „nicht durch ihr Geschlecht definieren, sondern eine gute Rabbinerin sein, die an den Aufgaben und Pflichten als Gemeinderabbinerin gemessen wird." Aus diesem Selbstverständnis heraus erfährt sie in ihrer Gemeinde Anerkennung und Akzeptanz auch von traditionelleren Kreisen. Im Übrigen sei es ihr wichtig zu wissen, ob eine Familie sephardischen oder aschkenasischen Ursprungs sei, weil es zum Beispiel bei den Speleritualen Unterschiede gebe.

Eine besondere Gruppe bilden die bucharischen Juden, die zumeist aus den ehemaligen Sowjetrepubliken Usbekistan, Tadschikistan und Kirgisistan stammen. Derzeit leben schätzungsweise weniger als 500 von ihnen in Niedersachsen. Sie haben häufig andere Bräuche, etwa bei den Trauerriten, wenn ein Familienmitglied stirbt, oder auch zu Pessach, da seien ihre Speisen oft anders zusammengestellt als bei der Mehrheit der Aschkenasim, der größten ethnoreligiösen Gruppe im Judentum.

„Wir sind hier in Oldenburg eine aschkenasische Gemeinde. Aber Frau Rabbiner Bea Wyler hat zu ihrer Zeit einige sephardische Riten und Gebete eingeführt. Das bringt gelegentlich Diskussionen bei der Beachtung von Bräuchen mit sich, wie beim Schaltjahr oder bei einigen Pessachspeisen, zum Beispiel ob Bohnen und Reis in der Pessachwoche überhaupt gegessen werden sollten, was die Aschkenasim eigentlich nicht tun."

Die kooperative Zusammenarbeit mit ihrem Gemeindevorstand ist Rabbinerin Treiger ein hohes Gut. Meinungsverschiedenheiten werden diskutiert, wie beispielsweise zur Verlegung von Stolpersteinen in Oldenburg, wie es sie in vielen anderen deutschen Städten zur Erinnerung und zum Gedenken an deportierte und ermordete Juden während des Holocausts gibt. Hier war Rabbinerin Treiger dafür, aber der Gemeindevorstand hatte sich seinerzeit dagegen entschieden, woran er sich bis heute hält.

Mikwe

Die Mikwe, das rituelle Tauchbad der Oldenburger Synagoge, wurde unter der Ägide von Frau Rabbiner Wyler errichtet. 2019 wurde die Mikwe renoviert und ihre Regenwasserröhren gereinigt. Sie wird im privaten Kontext bei ritueller Unreinheit, die zum Beispiel bei Frauen durch die Monatsblutung oder auch durch Entbindungen eintritt, als Tauchbad genutzt, aber auch nach einem Übertritt zum Judentum im Anschluss an das Bet Din, das Rabbinatsgericht, als Zeichen für den Eintritt in ein neues Leben. „Für ein Bet Din kommen drei Rabbiner extra nach Oldenburg, um die Kandidaten zu prüfen und über ihre Aufnahme in die jüdische Gemeinschaft zu entscheiden. Wer aufgenommen wurde, geht anschließend in die Mikwe, erst die Frauen, dann die Männer, immer zusammen mit zwei Zeugen, um zu bestätigen, dass alles korrekt nach den halachischen Gesetzen ablief. Wenn sie aus der Mikwe kommen, gratulieren ihnen Verwandte, Freunde und die Gemeinde mit ‚Masal tov‘, also ‚herzlichen Glückwunsch‘. Dann gibt es oft ein gemeinsames Essen, und wer es wünscht, macht ein Foto mit der Torarolle“, erzählt Rabbinerin Treiger.

Der Aufbau einer Mikwe ist streng festgelegt. Sieben Stufen führen hinab ins Wasser. Das Becken muss ein Mindestfassungsvermögen von etwas mehr als 500 Litern haben. Das Wasser für das Tauchbad darf nicht ausschließlich aus der Leitung kommen, sondern es muss zum größeren Teil „lebendiges Wasser“ sein, das sich beispielsweise aus Grund- oder Regenwasser speist. Insbesondere in der Orthodoxie, aber auch im konservativen und liberalen Judentum nutzen Frauen die Mikwe, um sich durch das

Ritual des Untertauchens spirituell zu erneuern, zum Beispiel nach der Menstruation oder nach einer Entbindung. Auch vor ihrer Hochzeit gehen viele Frauen in die Mikwe. Aber auch Männer suchen die Mikwe auf, zum Beispiel vor den Hohen Jüdischen Feiertagen. „Wasser selbst hat einen Tages- und Monatszyklus und die Kraft, sich selbst zu erneuern. Im Wasser gibt es Kräfte und lebendige Energien. Wer in eine neue Lebensphase tritt, geht mit seinem ganzen Körper in das lebendige Wasser einer Mikwe, so dass alles abgewaschen wird, was mit Tod, Verfall oder Krankheit zu tun hat. Ich selbst empfinde das für mich als körperliche und geistige Erfahrung, die viel Angestautes wegnimmt", erklärt Rabbinerin Alina Treiger und empfiehlt jedem jüdischen Gemeindemitglied den regelmäßigen Besuch der Mikwe.

Familienleben: Kindererziehung, Schule und koscheres Essen

Alina Treiger ist nicht nur Rabbinerin, sondern auch Mutter von zwei kleinen Kindern. Ihre rabbinische Tätigkeit bringt es mit sich, dass sie fast nie den Beginn des Schabbats mit ihren Kindern zu Hause verbringen kann, mit dem Anzünden der Kerzen und dem feierlichen Kiddusch, also den Segenssprüchen über Wein und Brot und über die Heiligung des Schabbats als der Vollendung des Schöpfungswerkes Gottes, und dem anschließenden gemeinsamen Essen.

„Was uns in der Familie häufiger zusammen gelingt, ist die Feier der Hawdala, das ist die Zeremonie, um den Schabbat zu verabschieden. Das lieben die Kinder. Es wird dunkel. Eine besondere geflochtene Kerze mit mehreren Dochten brennt, eine Dose mit wohlriechenden Gewürzen wird herumgereicht, der Kidduschbecher mit Wein steht bereit, dazu ein Teller, um später die Kerze mit Wein darin auszulöschen", erklärt Rabbinerin Treiger dieses jüdische Ritual am Samstagabend, wenn nach Einbruch der Nacht das Ende des Schabbats und damit der Beginn der neuen

Woche gekommen ist. Dieser Neubeginn wird insbesondere durch das Entzünden der fackelähnlichen Hawdala-Kerze symbolisiert, die für den Beginn der Schöpfung am ersten Tag steht: Jehi or – es werde Licht! Verschiedene Segenssprüche für das Licht der Kerze, den Wein und den Wohlgeruch der Gewürze werden gemeinsam gesungen, dazu Texte aus den Psalmen. Schon in der Mischna im 3. Jahrhundert u.Z. ist die Hawdala erwähnt. „Wir trennen das Heilige vom Profanen, denn nun beginnt eine neue Arbeitswoche. Wir umarmen uns und wünschen uns gegenseitig eine gute Woche. Der Kerzenschein und die besondere Atmosphäre – das fasziniert meine Kinder immer wieder." Im Sommer, wenn es später dunkel wird, schlafen ihre Kinder oft schon, so dass sie die Hawdala vor allem im Winterhalbjahr zusammen begehen.

Beim Schabbat Schacharit, dem Morgengebet am Samstag, kommen Rabbinerin Treigers Kinder mit in die Synagoge. Während sie den Gottesdienst mit der Gemeinde feiert, werden sie dort gemeinsam mit den anderen Kindern betreut. „Wir sind dann zwar räumlich getrennt, aber sie sind mit mir in der Gemeinde am Schabbat, und das ist schön. Im Anschluss an den Gottesdienst kommen alle zum Essen zusammen – Eltern und ihre Kinder – und das ist eine wirklich tolle Atmosphäre in der Gemeinschaft."

Sie und ihre Familie seien zwar liberal, aber „liberal in Deutschland bedeutet schon sehr konservativ: in dem Sinne, dass wir die Kaschrut – also unsere jüdischen Speisegesetze – befolgen. Oder dass wir den Schabbat zu einem besonderen Tag machen – auch wenn wir Auto oder Zug fahren, weil wir sonst die jüdischen Gemeinden in Niedersachsen nicht erreichen." Es sei in einer nichtjüdischen Umgebung gar nicht so einfach, konsequent nach halachischen (religiös-gesetzlichen) Prinzipien zu leben.

Mit ihren beiden Söhnen – der jüngere Benjamin ist vier Jahre alt und geht noch in den Kindergarten, Refael ist mit seinen sieben Jahren der ältere und bereits in der zweiten Schulklasse –

spricht Rabbinerin Treiger zu Hause Russisch. So werden ihre Kinder dreisprachig erzogen: Russisch, Deutsch und Hebräisch. „Nur manchmal, wenn ich etwas Humorvolles sage oder schimpfe, dann benutze ich auch das Ukrainische" – so verstünden die Kinder, dass sich die Stimmung geändert habe.

Refael ist derzeit das einzige jüdische Kind an seiner staatlichen Schule in Oldenburg. „Er ist stolz darauf, ein Jude zu sein, und erzählt es allen anderen Kindern. Sie erfahren von ihm von unseren jüdischen Feiertagen."

Beim Schulessen schaut er genau darauf, dass Fleischgerichte und Milchspeisen nicht zusammen auf den Teller kommen und auch keine Gelatine im Nachtisch ist. Wenn er dann gefragt wird: „Warum isst du das nicht?", dann sagt er: „Weil wir koscher essen." „Was ist das, koscher?", wollen die anderen Kinder von ihm wissen. „Das sind die Speisegesetze von uns Juden." Andere Kinder und auch Lehrer möchten dann den Unterschied zwischen vegetarisch, koscher und halal erfahren. „Bei einem Grillnachmittag in der Schule im Sommer wurden auch Halal-Würstchen angeboten – aber halal ist nicht gleich koscher", erklärt Rabbinerin Treiger. Im Unterschied zu den jüdischen Kaschrut bezeichnet halal die muslimischen Speisegesetze, bei denen beispielsweise Fleisch und Milchprodukte nicht getrennt werden müssen. So muss sich ihr Sohn öfter darauf einstellen, etwas anderes zu essen als die anderen Kinder.

Ihren beiden Söhnen und den Schülerinnen und Schülern im jüdischen Religionsunterricht erklärt Rabbinerin Treiger kindgerecht die Kaschrut, die rituelle Unbedenklichkeit von Speisen und Getränken gemäß den traditionellen jüdisch-religionsgesetzlichen Vorschriften folgendermaßen: „Es gibt beim Fleisch reine und unreine Tiere. Aber die Begriffe ‚rein' und ‚unrein' haben nichts mit Hygiene oder einer Wertung gegenüber diesen Tieren zu tun. In der Tora steht ‚rein' für das Leben und ‚unrein' für den Tod. Tiere, die andere Tiere töten, Aas fressen oder Allesfresser sind – die haben Berührung mit dem Tod. Sie gehören zur wilden

Natur. Andere Tiere, die nicht jagen, gespaltene Hufe haben, Gras fressen und nicht töten, um an Nahrung zu kommen – sind für uns rein. Wir Menschen besitzen eine wechselhafte Natur. Wir töten und essen Tiere. Uns ist es gestattet, domestizierte Tiere zu essen, sofern sie gleichzeitig gespaltene Hufe haben als auch Wiederkäuer sind, außerdem auch Geflügel, aber nicht wilde Tiere, die jagen und töten. Also: Ziegen, Kühe, Schafe, Hühner – die dürfen wir Juden essen." Wichtig ist auch die Art der Schlachtung, die für die Tiere so schmerzlos wie möglich erfolgen muss. Denn die Tora schreibt grundsätzlich vor, die Natur zu schützen.

„Unreines kann sich aber auch im Geistigen und in den Gedanken niederschlagen", erklärt Alina Treiger, bevor sie auf ein weiteres wichtiges Speisegesetz zu sprechen kommt: Die Trennung von Milchprodukten (Chalawi) und Fleisch (Basari). „Das hat auch etwas mit einem barmherzigen Umgang und den Gefühlen der Tiere zu tun." Denn es heißt in der Tora: „Du sollst das Zicklein nicht in der Milch seiner Mutter kochen." Diese Regeln verbinden die Kinder schon in frühestem Alter mit ihrer jüdischen Identität. „Es geht dabei nicht um einen Verzicht, sondern eine bewusste Entscheidung."

Während ihres Studiums hat sich Alina Treiger mit der Vermittlung der Halacha für Kinder beschäftigt, und sie bemüht sich, diese auch bei ihren Kindern konsequent anzuwenden. „Es geht dabei um Rituale und um Fragen, wie man Kinder für jüdische Themen begeistern kann. Oder auch darum, in welcher Form Kinder selbst schon Verantwortung übernehmen können. Kinder fangen früh an, alles bestimmen zu wollen. Sie möchten entscheiden, was sie spielen, wann sie fernsehen oder essen möchten. Aber jede Entscheidung ist bei uns im Judentum mit Verantwortung verbunden. Dabei gibt es drei Stufen: Verantwortung für sich selbst, für die Umwelt und für andere Menschen." Ihren Kindern versucht sie zum Beispiel zu vermitteln, dass sie sich erst einmal selber die Zähne putzen und sich alleine anziehen können müssen, das heißt, in der Lage sein müssen, sich um den eigenen Körper zu kümmern, bevor sie auch für Gegenstände ihrer Umwelt verantwortlich sein können, also auch um mitzuentscheiden, wann das Fernsehgerät angeschaltet wird. Wenn die Kinder zu Rosch Haschana, dem jüdischen Neujahrsfest, das Schofar, ein Blasinstrument aus dem Horn eines Widders oder einer Antilope, blasen wollen, dann sollten sie mit dem Gegenstand vorsichtig und respektvoll umgehen können. Das bedeute auch, es nicht überall liegen zu lassen oder es für etwas anderes zu verwenden.

„Die Kinder lernen also, mit Gegenständen sorgfältig umzugehen, so dass nichts kaputtgeht. Das ist je nach Entwicklungsstand für sie eine Herausforderung. Sie wachsen damit auf und lernen jeden Tag ein Stückchen mehr. Wer alle Stufen der Verantwortung erlernt hat, einschließlich der dritten und höchsten Stufe – also die Verantwortung für andere Menschen – im jungen Erwachsenenalter, darf im Prinzip auch heiraten und so die Verantwortung für die Gründung einer Familie übernehmen. Gleiches gilt für repräsentative Aufgaben in der Gemeinde. Auf diesen ethischen und rituellen Säulen basiert unsere jüdische Erziehung. Damit ist in der Gemeinde ein Leitfaden für die Kinder- und Jugendarbeit vorgegeben."

Auch wenn sich Bar- und Bat-Mizwa-Kinder mit dem Tallit beschäftigen, dem Gebetsschal oder Gebetsmantel, sollten sie wissen, was es mit diesem rituellen Kleidungsstück auf sich hat. Ein Tallit hat an seinen vier Ecken mehrfach geknotete Schaufäden aus Wolle, die sogenannten Zizit, welche symbolisch für die 613 Gebote und Verbote im Judentum stehen. „Die Bedeutung der Fransen, also der Zizit, hatte auch mit Gleichberechtigung zu tun, denn im Alten Orient und in Ägypten konnten nur freie oder adlige Menschen so ein Kleidungsstück besitzen. Die Zizit erinnern uns daran, dass wir Juden, obwohl wir ein versklavtes Volk waren, heute freie Menschen sind und uns freiwillig an die Gebote halten", erklärt Rabbinerin Treiger. Bei der Herstellung eines Tallit spielen, wie häufig im Judentum, bestimmte Zahlensymboliken eine Rolle. Die Schaufäden ihres Tallit hat Rabbinerin Treiger selbst geknüpft, um sich damit an die Gebote zu erinnern. „Meinen rabbinischen Tallit erhielt ich zur Ordination, und er sieht auch etwas bunter aus als bei traditionellen Juden." Zudem ist der von ihr gewählte Ordinationsspruch eingenäht, nämlich Dewarim (Deuteronomium) 30,14: „Sondern es [das Gesetz, d. h. die Tora, Anm. d. Hg.] liegt dir sehr nah, in deinem Munde und in deinem Herzen, so dass du danach tun kannst." Dies ist eine gute Charakteristik ihres rabbinischen Handels: Emotionales Wirken mit dem Wort der Schrift zu verbinden und in die Tat umzusetzen.

Austausch mit anderen Religionsgemeinschaften

Die Liberale Jüdische Gemeinde in Oldenburg steht im Austausch mit anderen Religionsgemeinschaften und ist sehr aktiv im interreligiösen Dialog, wie zum Beispiel in der Gesellschaft für Christlich-Jüdische Zusammenarbeit, der Deutsch-Israelischen Gesellschaft oder bei sozialen und Bildungsprojekten. Außerdem wird in Zusammenarbeit mit der Universität von Oldenburg ein Studiengang „Jüdische Studien" mit regelmäßigen Vorlesungen für alle Bürger angeboten. Hinzu kommt, dass die Synagoge offen ist für jeden interessierten Besucher. „Regelmäßig gibt es Anfragen für Synagogenführungen von Menschen, die den Dialog mit uns suchen – darunter sind Christen, Muslime oder auch Jesiden."

2018 gab es in Oldenburg mit einem evangelischen Chor, mit der Jesidischen Gemeinde und Rabbinerin Treigers jüdischer Gemeinde ein interreligiöses Konzert mit Liedern und Texten zum Thema Frieden. „Es war wunderbar, beeindruckend, berührend und unvergesslich. Die Tränen flossen. Alles war sehr emotional und schön: die Musik verbindet die Religionen!", schwärmt Rabbinerin Treiger noch heute. Kein Wunder, denn sie ist ausgebildete Chordirigentin, und die Musik war schon seit frühester

Jugend eine ihrer Leidenschaften. Sich selbst bezeichnet sie gelegentlich als „singende Rabbinerin". Damit sei sie quasi in Personalunion auch Leiterin des jüdischen Gemeindechores und Chasanit, also Kantorin.

So ist es beim Abschied wenig verwunderlich, wenn Rabbinerin Alina Treiger ein emotionales Resümee von ihrer norddeutschen Wahlheimat zieht: „Es ist so schön, in dieser Multireligionsgesellschaft zu leben. Wir haben uns in Oldenburg verliebt, weil wir diese Vielfalt immer aufs Neue erleben und uns als selbstbewusste Juden hier sehr wohl fühlen."

Rabbinerin
Dr. Antje Yael Deusel
„Mein Weg ins Rabbinat war lang."

Geboren wurde Antje Yael Deusel 1960 in Nürnberg. In ihrem Pass stehen insgesamt vier Vornamen. Mit dem deutschen Rufnamen Antje konnte man allerdings außerhalb Deutschlands nicht viel anfangen, wohl aber mit ihrem hebräischen Rufnamen Yael, so dass heute beide als Rufnamen nebeneinander stehen. Der Name Yael bezeichnet ein Tier, nämlich den nubischen Steinbock, einen grazilen, aber wehrhaften Felsenkletterer. Gleichzeitig ist es der Name einer Frau in der Bibel, die für Israel kämpft. Die Geschichte findet man im Tanach, der Hebräischen Bibel, und zwar im Buch Richter. Von der Wortwurzel bedeutet Yael „aufsteigen", aber auch „Nutzen bringen". Und wer sich mit der Vita von Rabbinerin Deusel beschäftigt, findet eine Bestätigung der lateinischen Redewendung des „nomen est omen", ist ihr Leben doch davon geprägt, anderen Menschen Nutzen zu bringen: physisch und psychisch-spirituell.

Schon im Gymnasium belegte sie den Wahlunterricht in Hebräisch, den sie bis zum Abitur besuchte. Hier fielen ihr im Vergleich verschiedener Übertragungen aus dem Tanach teils sinnverändernde Unterschiede auf. „Sicher, Übersetzungen sind immer auch Auslegungen. Entscheidend ist der Originaltext, er ist Basis und Konstante. Ich wollte diesen Text so lesen und verstehen können, wie er ursprünglich da steht", erklärt sie. Neben dem Gefühl für die Sprache vermittelte ihr damaliger Hebräischlehrer seinen Schülerinnen und Schülern auch Grundlagen von Zionismus und Geschichte des Staates Israel und erweckte bei ihnen damit nicht nur die Liebe zu Eretz Israel (dem jüdischen Heimat-land Israel), sondern auch den dringenden Wunsch, dorthin zu reisen und das Land tatsächlich kennenzulernen.

Gegen Ende der Gymnasialzeit erfolgte die damals obliga-torische Befragung durch die Berufsberater des Arbeitsamts, welche Wünsche und Neigungen die Abiturienten für ihre Be-rufs- und Ausbildungswahl haben. Antje Yael Deusel nannte dort eine Aufzählung, welche die Mitarbeiter des Arbeitsamts ziem-lich ratlos machte: Sie wollte sich beschäftigen mit Archäologie, mit Alt- und Neuhebräisch, mit Latein, das neben Hebräisch eines ihrer Lieblingsschulfächer war, mit Geschichte, mit dem Erschließen und dem Auslegen von Texten, mit Lernen und Lehren, mit Musik, mit dem Umgang mit und dem Sprechen zu anderen Menschen, und natürlich mit Israel und der jüdischen Religion. „So einen Beruf gibt es nicht", war die lapidare Aussage. Erst viel später sollte sich zeigen, dass es ihn doch gab, nämlich das Rabbinat. Daran dachte aber zur damaligen Zeit noch niemand, schon gar nicht in Deutschland, und erst recht nicht für Frauen.

Erst ein Studium der Sprachen in Heidelberg – dann der Medizin in Erlangen

Ihre in der Kindheit und Jugend veranlagte Affinität zu Sprachen führten Antje Yael Deusel zum Dolmetscher-Institut an die Uni-versität nach Heidelberg. Bereits in der Schule hatte sie mit Be-geisterung nicht nur Latein und Hebräisch, sondern auch Fran-zösisch und Englisch gelernt. Die beiden letzteren Sprachen baute sie auf der Uni aus. „Aber das war mir irgendwann zu theoretisch und wenig praxisorientiert." Doch bis heute liebt sie eingehende sprachliche Analytik und untersucht mit Leiden-schaft, was zwischen den Zeilen in der Tora bzw. dem Tanach zu lesen steht. „Sprache ist bis heute etwas sehr Wichtiges für mich."

Sie orientierte sich als junge Frau also um und nahm ein Medizin-studium in Erlangen auf. Nach dem Examen 1986 und der Appro-bation begann sie während der Suche nach einer Assistenzarzt-stelle zunächst, damals nicht unüblich, als unbezahlter „Gastarzt" im Dezember des gleichen Jahres in einem Krankenhaus zu arbei-ten, um die Zeit sinnvoll zu nutzen und medizinische Erfahrungen zu sammeln. Womit sie nicht gerechnet hatte, war die offen frauen-feindliche Einstellung etlicher Chefärzte, in deren Kliniken sie sich bewarb. Eine Chefarztsekretärin gab ihr sogar herablassend als guten Rat mit auf den Weg, dass man bei Karstadt an der Kasse immer Leute suche; sie solle es doch mal dort probieren, denn für Frauen sei in der Chirurgie einfach kein Platz. Sechs Monate spä-ter erhielt sie dennoch eine ordentliche Assistenzarztstelle an der Chirurgischen Universitätsklinik in Erlangen. Hier zeigte sich ihr fester Wille und ein Beharrungsvermögen, welches sie als Frau bei ihrer Spezialisierung zur Urologin erneut brauchte.

Während ihres Studiums und in den ersten Berufsjahren als Medizinerin hatte Antje Yael Deusel wenig Kontakt zur jüdischen Gemeinde. Aber eines Tages kam eine Dame aus der Nürnberger Gemeinde vorbei, um ihre Großmutter zum Gottesdienst einzu-laden. Sie ging mit, und von da an besuchte sie immer wieder die Gottesdienste in der Nürnberger Synagoge.

Israel: „Es war, als ob ich nach Hause komme"

Eines Tages hatte sich endlich auch die Möglichkeit ergeben, nach Israel zu reisen. „Es war, als ob ich nach Hause komme", be-schreibt sie rückblickend. „Seitdem war das Thema Israel wieder da, und auch die Beschäftigung mit jüdischem Leben über den Synagogenbesuch hinaus. Ich merkte, dass ich jahrelang einen ganz wichtigen Teil von mir vernachlässigt hatte." Schon als Kind hatte sie Kontakt zur jüdischen Tradition gehabt; sie war damit vertraut. Aber erst im Erwachsenenalter vollzog sie den offiziellen Schritt der Konversion, um nach der Halacha jüdisch zu sein.

Mittlerweile war sie im Rahmen ihrer Facharztausbildung von der Chirurgischen Universitätsklinik Erlangen an die Urologische Klinik am Klinikum Bamberg gewechselt.

Auch in der Anfangszeit in Bamberg fuhr sie zu den Gottesdiensten noch zur Synagoge nach Nürnberg, die sie immer noch als ihre Heimatgemeinde betrachtete, schon deshalb, weil in Bamberg die entsprechenden Strukturen zu dieser Zeit noch fehlten. Erst als nach und nach die russischen Zuwanderer eintrafen, änderte sich die Situation, und auch in Bamberg gab es nun wöchentliche Gottesdienste.

Urologin und Rabbinerin: Einbruch in Männerdomänen

„Für meine erste Stelle als Ärztin hatte ich 121 Bewerbungen geschrieben", erinnert sich Antje Yael Deusel heute noch genau. Als „Akademischer Rat" an der Erlangener Chirurgischen Universitätsklinik war sie eine von immerhin fünf Frauen gewesen, bei knapp 70 männlichen Kollegen. In Bamberg war sie die erste (und für lange Zeit die einzige) Frau in der Urologie. „Damals wurde ich von so manchem Kollegen belächelt, aber als sie merkten, ich kann arbeiten wie ein männlicher Kollege, und als klar war, von alleine gehe ich auch nicht wieder, kam nach und nach die Akzeptanz." Heute ist sie seit über dreißig Jahren als Ärztin in der Urologie tätig, mittlerweile in einer belegurologischen Gemeinschaftspraxis im Zentrum von Bamberg. Es hatte etliche Jahre gedauert, bis sie Respekt und Anerkennung von ihren meist männlichen Kollegen erhielt. Umso bemerkenswerter war die Situation, als sie kürzlich auf einem medizinischen Kongress zufällig im Vorbeigehen hörte, wie ein früherer Kollege gegenüber jungen Fachkolleginnen sagte: „Dass Sie jetzt hier sitzen, verdanken Sie unter anderem Frau Dr. Deusel, einer Pionierin für die Frauen in der Urologie."

Als urologische Fachärztin arbeitete sie erst als Gastärztin, später im Rahmen einer Fellowship an der Urologischen Universitätsklinik Hadassah-Ein Kerem in Jerusalem, auch hier als einzige Frau. An die immer wiederkehrende Frage „In welcher Einheit hast du gedient?" musste sie sich erst gewöhnen. „Die jungen Kollegen dort waren irgendwie der Meinung, wenn jemand in meinem Alter schon eine solche Position als Facharzt innehatte, noch dazu als Frau, dann hat der- bzw. diejenige bestimmt in einer Eliteeinheit der israelischen Armee gedient."

Die Zeit in Israel nutzte Yael Deusel dazu, ihre Hebräisch-Kenntnisse auszubauen. Weil sie tagsüber in der Klinik arbeitete, kam hierfür nur ein Ulpan (hebräische Sprachschule) in Frage, der Abendkurse anbot, und so fiel ihre Wahl auf das Hebrew Union College in Jerusalem. In diesem Rahmen lernte sie auch Kantorats- und Rabbinatsstudenten und vor allem -studentinnen kennen, ein wichtiger Fingerzeig in Richtung ihrer späteren Entscheidung, Rabbinerin zu werden. Eine Entscheidung, mit der sich ihr Einbruch in Männerdomänen fortsetzte.

„Weder in der Urologie noch im Rabbinat wollte ich mich bewusst in Männerdomänen behaupten, sondern ich habe mich dafür entschieden, weil ich nun einmal diese Arbeit machen wollte. Einfach war es nie; aber wie schon Golda Me'ir sagte: ‚Nichts im Leben geschieht einfach so. Es reicht nicht aus, an etwas zu glauben; man muss auch die Ausdauer haben, um die Hindernisse zu überwinden, die einem begegnen, um zu kämpfen'", sagt sie mit Bestimmtheit. Was sie mit Regina Jonas verbindet, ist die Überzeugung, dass Gott „Fähigkeiten und Berufungen in unsere Brust gesenkt und nicht nach dem Geschlecht gefragt [hat]."

Immer wieder möchten Menschen im Gespräch von ihr wissen, weshalb sie denn Rabbinerin geworden sei, und ob es denn ein Schlüsselerlebnis gegeben habe. Rabbinerin Deusel lacht, dann erklärt sie: „Ich sage mal, was es *nicht* war: Es war keine plötzliche Erleuchtung, keine Eingebung vom Himmel, keine Vision, und schon gar kein Drang zur Selbstverwirklichung. Es war eine Entwicklung, über viele Jahre hinweg." Unter anderem spielte dafür die Erkenntnis eine Rolle, dass viele der Zuwanderer aus den GUS-Staaten mehr über das Judentum wissen wollten und den Glauben, der ihnen fremd geworden war. Dafür brauchte es religiöse und spirituelle Leiter; dafür brauchten die Gemeinden – Rabbiner. Aber in so vielen Gemeinden war diese Position vakant, auch in Bamberg. Zudem gab es in Deutschland bis an die Schwelle zum 21. Jahrhundert keine Rabbinerseminare. 1999 schließlich war das Abraham Geiger Kolleg in Potsdam gegründet worden, ein Rabbinerkolleg in der liberalen Tradition, das 2001 seinen Lehrbetrieb aufnahm. Dort begann Yael Deusel 2007 ihre Rabbinatsausbildung. Gleichzeitig studierte sie an der Universität Potsdam Jüdische Religion, Geschichte und Kultur und graduierte 2011 als Master of Arts in diesem Fach. Eine arbeitsreiche Zeit, denn während zwei Tage in der Woche für das Studium an Universität und Rabbinerkolleg reserviert waren, wofür sie in der Vorlesungszeit allwöchentlich nach Berlin fuhr, arbeitete sie an den übrigen fünf Wochentagen weiterhin als Ärztin im Bamberger Klinikum.

Ihre Smicha, die Ordination zur Rabbinerin, erhielt sie am 23. November 2011 in Bamberg, zusammen mit vier männlichen Rabbinatskandidaten. „Weil das Abraham Geiger Kolleg, an dem ich studierte, ganz bewusst ein sichtbares Zeichen dafür setzen wollte, dass liberales Judentum in Deutschland auch außerhalb von Berlin lebendig ist, hatte sich die Kollegsleitung für diesen Ort zur Durchführung der Ordinationsfeier entschieden. Außerdem fanden hier in Bamberg zuvor regelmäßig unsere Predigtseminare statt, unter der Leitung von Prof. H. G. Schöttler und Rabbiner Edward van Voolen." Der Ordinationsspruch von Rabbinerin Deusel lautet: „Bei Dir ist die Quelle des Lebens, in Deinem Licht sehen wir Licht" (Psalm 36,10).

Bei ihrer Smicha waren viele prominente Gäste anwesend, wie zum Beispiel der damalige Präsident des Zentralrates der Juden in Deutschland Dr. Dieter Graumann oder der bayerische Innenminister Joachim Hermann. Aber es kamen natürlich auch Familienmitglieder von Yael Deusel. Besonders freute sie sich über die Teilnahme ihres damals knapp dreijährigen Neffen aus Frankreich, der aus diesem Anlass ein T-Shirt mit der Aufschrift „Junior Rabbi" trug. Ihm widmete sie auch das im Herder Verlag publizierte Buch „Mein Bund, den ihr bewahren sollt: Religionsgesetzliche und medizinische Aspekte der Beschneidung" mit den Worten: „Gewidmet meinem Neffen Marc Louis, der das Licht weiterträgt in die nächste Generation".

Brit Mila: Rituelle Zirkumzision

Die Beschneidung eines jüdischen Jungen findet am achten Tag nach der Geburt statt, außer wenn der Gesundheitszustand des Kindes eine Beschneidung nach ärztlichem Rat nicht gestattet, denn die Gesundheit des Säuglings geht immer vor. Der Eingriff wird vorgenommen durch einen Beschneider, den Mohel (oder die Mohelet, eine Beschneiderin), d. h. eine speziell sowohl medizinisch als auch religiös dafür ausgebildeten Person. Bei der Zeremonie erhält der Junge auch seinen jüdischen Namen. *Brit* bedeutet Bund, d. h. die Beschneidung ist, bis heute, als Bundeszeichen Ausdruck der Verbindung der Juden mit dem Ewigen.

Ihre rabbinische These zum Abschluss des Rabbinatsstudiums und zur Erlangung der Ordination in das jüdische geistliche Amt hat Yael Deusel zum Thema der Beschneidung von Jungen verfasst. Einen Großteil dieser wissenschaftlichen Arbeit fertigte Rabbinerin Deusel während eines Auslandsstudiensemesters am renommierten Steinsaltz-Institut für Talmud in Jerusalem an. Dabei konnte sie die vielen theoretischen Quellen mit ihren persönlich-praktischen Erfahrungen als Urologin ergänzen und bereichern. Nicht zuletzt war sie in ihrer Zeit am Hadassah-Krankenhaus lange in der dortigen Kinderurologie unter der Leitung von Prof. Jecheskel Landau tätig und konnte dort intensive Erfahrungen auch im Bereich der Beschneidung und ihrer medizinischen Bedeutung gewinnen.

Ursprünglich war eine Veröffentlichung der These in Buchform nicht geplant. Doch die aufkommenden Diskussionen durch nichtjüdische Juristen und Kinderärzte um die Beschneidung und die damit einhergehende Verunsicherung von Eltern sowie Anfragen von jüdischen und nichtjüdischen Gesprächspartnern signalisierten Rabbinerin Deusel, dass zu diesem Thema ein großer Informationsbedarf bestand, zumal das letzte in deutscher Sprache verfasste Buch über die Beschneidung im Judentum aus dem Jahr 1913 stammte. Als jüdische Ärztin mit der Spezialisierung in Urologie und als ausgebildete Mohelet war sie prädestiniert dafür, an der Aufklärung über die religiösen Grundlagen und die damit verbundenen medizinischen Aspekte mitzuwirken. In ihrem Vorwort zum Buch sagt sie: „Das Sprichwort sagt: Man fürchtet nur, was man nicht kennt. In diesem Sinn hoffe ich, dass die Arbeit dazu beiträgt, Vorbehalte abzubauen und gegenseitige Achtung und Akzeptanz zu fördern."

Ausdrücklich weist Rabbinerin Deusel darauf hin, dass es nicht nur polemische Reaktionen von Beschneidungsgegnern gebe, sondern daneben selbstverständlich auch objektiv formulierte Bedenken und seriöse Veröffentlichungen in der gebotenen wissenschaftlichen Distanz. „Wir nehmen diese Argumente sehr ernst. Denn von jeher war von jüdischer Seite niemals beabsichtigt, einem Kind durch eine Zirkumzision Schaden zuzufügen. Unter diesem Aspekt wurde auch das aktuell gültige Gesetz entwickelt, das die Durchführung von religiös begründeten Beschneidungen für Deutschland regelt."

Die Diskussion um die Brit Mila ist durchaus nicht neu; von der römisch-hellenistischen Zeit bis heute gibt es Stimmen, die eine rituelle Beschneidung gar in den Bereich einer Straftat verweisen wollen. In diesem Zusammenhang war es Rabbinerin Deusel wichtig zu zeigen, „dass die Befolgung des biblischen Gebotes der Brit Mila durchaus keinen Widerspruch zu ethisch-moralischem Handeln darstellt und auch von medizinischer Seite keineswegs eine Schädigung bedeutet, sondern im Gegenteil [auch] zum Nutzen gereicht".

„Freilich sind vom religiösen Standpunkt aus medizinische Vorteile in Hinblick auf die Brit Mila nicht relevant, da die Gebote der Tora um ihrer selbst willen befolgt werden sollen und nicht aufgrund ihrer etwaigen Nützlichkeit für den Menschen. Dennoch kann es nicht schaden, auf einen solchen indirekten gesundheitlichen Benefit hinzuweisen, insbesondere in Bezug auf die gegenwärtige Diskussion um die Beschneidung.

Den Ritus der Beschneidung gibt es seit Tausenden von Jahren, nicht nur im jüdischen Kontext; geändert hat sich im Lauf der Zeit lediglich die Art seiner Durchführung. Nur wer um den sehr hohen Stellenwert weiß, den die Brit Mila im Judentum hat, kann ermessen, was ein Verbot für die jüdische Gemeinschaft zur Folge hätte.

Neugründung der Liberalen Jüdischen Gemeinde in Bamberg

Als vor etwa 30 Jahren die Zuwanderung von Juden aus der ehemaligen Sowjetunion begann, stieg die Zahl der jüdischen Gemeindemitglieder in Deutschland innerhalb weniger Jahre von knapp 30.000 auf über 100.000 an. Wie ist das heute – bleibt die Zahl der Mitglieder in den jüdischen Gemeinden konstant oder ist sie wieder rückläufig? „Unter unseren russischsprachigen Zuwanderern gibt es aktuell sehr viele ältere Leute, darunter zunehmend Menschen im Alter von 80-Plus. Es ist klar, dass die Zahl vor allem in dieser Altersgruppe in den kommenden Jahren entsprechend abnehmen wird", stellt Rabbinerin Deusel nüchtern fest. Das ist aber nicht der entscheidende Aspekt für die rabbinische Tätigkeit. Ihr Rabbinerkollege, der Berliner Historiker und Vorsitzende der Allgemeinen Rabbinerkonferenz Deutschlands, Prof. Andreas Nachama, äußerte kürzlich im Gespräch mit ihr, „Zahlen sind das eine, das ist Quantität. Aber was ist mit der Qualität? Also den Menschen, die ihr Judentum leben wollen? Das macht sich doch nicht an Zahlen fest." Aus diesem Grund sieht Rabbinerin

Deusel eine wichtige Aufgabe unserer Zeit darin, „den jüdischen Menschen, die sich in einer orthodox orientierten Einheitsgemeinde nicht wohlfühlen, eine spirituelle Alternative zu geben. Es ist ein Desiderat unserer Zeit, die Pluralität des Judentums in Deutschland zu stärken." In einer Rede zur Alumni-Tagung des Abraham Geiger Kollegs 2017 in Berlin brachte Rabbinerin Deusel dies so zum Ausdruck: „Die Einheitsgemeinde in ihrer bisherigen [Nachkriegs-]Form erreicht nicht mehr alle Betenden; sie befindet sich gegenwärtig am Scheideweg. Die Zuwanderung aus den GUS-Staaten birgt in sich zudem ihre eigene Problematik, begründet vor allem in der Entfremdung vieler Menschen vom Judentum in Religion und Tradition und dem Verständnis von Judentum als Ethnie, Kultur statt Kultus. Gleichzeitig hat sich aber auch eine deutlichere Akzentuierung der Pluralität innerhalb des Judentums in Deutschland entwickelt, gerade innerhalb der Einheitsgemeinden, und es sind neben diesen neue Gemeinden entstanden. Diversifikation sehe ich hier eher als Bereicherung denn als Bedrohung der jüdischen Gemeinschaft – und dies gilt nicht nur für Deutschland."

Vor ihrer Ordination war Rabbinerin Deusel lange Jahre in der Vorstandschaft der Israelitischen Kultusgemeinde Bamberg, d. h. der Bamberger jüdischen Einheitsgemeinde, aber auch in gemeindepolitischen Gremien auf Landesverbands- und Zentralratsebene tätig gewesen. Ihre dort gesammelten Erfahrungen flossen 2016 in die Gründung der Liberalen Jüdischen Gemeinde „Mischkan ha-Tfila" (frei übersetzt: „Heimat des Gebetes") in Bamberg ein, die als eine von derzeit 27 Gemeinden zur Union progressiver Juden in Deutschland gehört. „Zu uns kommen unter anderem jüdische Menschen, die in Deutschland bisher nie einer jüdischen Gemeinde angehörten, ebenso Juden, die eine neue spirituelle Heimat suchen, insbesondere auch junge Menschen, aber nicht nur diese." Unter den Mitgliedern und Unterstützern der noch jungen Gemeinde sind zum Beispiel auch Rückwanderer aus Israel, deren Eltern während der Schoa emigriert und nach 1945 mit ihren Familien zurückgekehrt waren, und sogar ein einstiges Mitglied der Vorkriegsgemeinde, aber auch Migranten aus den USA und aus Südamerika, aus Frankreich oder Spanien. „Viele von ihnen vermissen ein jüdisches Gemeindeleben, wie sie es aus ihrem Herkunftsland kennen, und wie es in Deutschland vor dem Krieg verbreitet war, nämlich ein liberal geprägtes Judentum. Dieses hatte immerhin seine Wiege in Deutschland, und bereits damals existierten sogenannte Einheitsgemeinden. Diese umfassten ursprünglich mehrere jüdische Strömungen nebeneinander, teils mit jeweils eigenen Synagogen und Rabbinern in einer Stadt, lediglich unter einem gemeinsamen Verwaltungsdach. Die nach 1945 in Deutschland als Einheitsgemeinden neu bzw. wieder gegründeten jüdischen Gemeinden waren dagegen ein Zusammenschluss der zahlenmäßig geringen jüdischen Schoa-Überlebenden aller unterschiedlichen Denominationen an einem Ort, zu einer einzigen Gemeinde mit nur einer Synagoge, mit einheitlichem Ritus für alle Mitglieder gemeinsam, egal welcher Strömung sie angehören. Die Nachkriegs-Einheitsgemeinden waren von Anfang an vorwiegend orthodox ausgerichtet, entsprechend der Prägung ihrer Begründer, zu einem großen Teil DPs (Displaced Persons), von denen viele aus Osteuropa stammten. Diese über lange Jahre bestehende Gemeindeausrichtung wurde durch die Zuwanderer aus den GUS-Staaten häufig weiter verstärkt.

„Das, was ich derzeit als Rabbinerin für die Liberale Jüdische Gemeinde mache, besteht zu einem großen Teil in Aufbauarbeit. Besonders wichtig sind mir dabei unsere regelmäßigen Gottesdienste, aber auch der Unterricht für unsere Kinder und unser jüdisches Lehrhaus, und natürlich der weitere Ausbau unserer Infrastruktur. Unseren Mischkan ha-Tfila sehen wir dabei als eine Erweiterung des Angebots in Bamberg und keineswegs als Konkurrenz zur Bamberger Einheitsgemeinde".

Darüber hinaus ist Rabbinerin Deusel auch als Lehrbeauftragte für Judaistik an der Universität Bamberg tätig, außerdem unterrichtet sie abwechselnd an der Universität Augsburg und an der Evangelischen Hochschule Nürnberg. Ihre akademische Tätigkeit dient auch dem interreligiösen Dialog, einem Bereich, in dem sich Rabbinerin Deusel seit vielen Jahren engagiert, nicht zuletzt im „Zelt der Religionen" in Bamberg, einer Einrichtung, die Christen, Juden und Muslime und seit kurzem auch Bahai miteinander ins Gespräch bringt.

Mitzwa: 613 Gebote und Pflichten für Juden

Das Judentum kennt 613 Mitzwot, d. h. positive und negative Gebote. Die Gesamtheit dieser Ge- und Verbote und ihrer Erläuterungen nennt man Halacha (wörtlich „[der] Weg"; jüdisches Religionsgesetz). Die Mitzwot finden sich sämtlich in der Tora (den fünf Büchern Mose), ihre Erläuterung und Auslegung erfolgen im Talmud, aber auch in späteren Kodices wie der Mischne Tora des Rambam (Rabbi Mosche ben Maimon, 12. Jh.) und dem Schulchan Aruch (von Joseph Karo, 16. Jh.). Diese Schriften sind die bis heute maßgebliche Grundlage der Halacha. Die halachische Entwicklung geht aber immer weiter; sie ist nicht abgeschlossen, sondern erfordert eine beständige Reflektion und Fortschreibung im Laufe der Zeiten. Heute unterliegen die religiösen Grundsatzentscheidungen, Responsen genannt, den maßgeblichen Rabbiner*innen, den Poskim, bzw. den Responsen-Kommittees der unterschiedlichen Rabbiner-Vereinigungen. Eine übergeordnete Instanz, welche weltweit und für sämtliche jüdische Strömungen weisungsbefugt wäre, existiert in unseren Zeiten nicht. Wichtig ist jedoch, dass für alle jüdischen Strömungen die halachischen Grundlagen gleichermaßen verpflichtend gelten; lediglich deren Auslegung unterscheidet sich entsprechend, ist aber keineswegs beliebig.

Die Halacha ist kein reines Ritualgesetz, sondern schließt auch das jüdische (Zivil-)Recht und seine ethischen Grundlagen mit ein sowie letztlich alle Richtlinien im religiösen Alltagsleben – zu denen auch die Zehn Gebote gehören, welche für Christen weltweit maßgeblich sind.

„Eine Mitzwa steht auch synonym für eine gute Tat. Das gilt sogar für die Verbote: Denn wenn ich etwas Verbotenes eben nicht tue, ist es auch etwas Positives", erklärt Rabbinerin Deusel. Als konkretes Beispiel für die Mitzwot nennt sie die zahlreichen Bestimmungen, die mit dem Schabbatgebot verbunden sind, welches für Juden in aller Welt gültig ist. „Ein weiteres grundlegendes Gebot ist die Zedaka; Zedaka bedeutet ‚Wohltätigkeit', in dem Wort steckt aber auch ‚zadik', d. h. gerecht; Zedaka ist also eigentlich eine Form von sozialer Gerechtigkeit. Ich gebe von dem, was ich habe, einem Menschen, der weniger hat. Am besten ist es, wenn der Beschenkte gar nicht erfährt, von wem die Gabe kommt, und der Gebende nicht weiß, wer seine Spende bekommt", erklärt sie das ideale Zedaka-Prinzip.

„Aber wer schafft es tatsächlich, stets alle 613 Mitzwot einzuhalten?", fragt Rabbinerin Deusel lächelnd. „Dafür gibt es Jom Kippur." Dann wird sie wieder ernst. „Der Versöhnungstag, der höchste jüdische Feiertag, wird im Herbst begangen. Er steht am Ende einer Dekade von Reue und Umkehr (Tschuwa) als strenger Fasttag. Aussöhnung mit den Mitmenschen und Vergebung vom Ewigen für die begangenen Verfehlungen wird aber auch an Jom Kippur nur derjenige erreichen, der sich wirklich aktiv darum bemüht und wahre Reue zeigt."

Die religiöse Mündigkeit erreichen Mädchen im Alter von 12 Jahren mit ihrer Bat Mitzwa (Tochter des Gebotes) und Jungen im Alter von 13 Jahren mit der Bar Mitzwa (Sohn des Gebotes). Ab diesem Zeitpunkt sind die jungen Menschen jeweils selbst für die Einhaltung der Mitzwot verantwortlich.

Bar Mitzwa: „Für jede Familie ein großes Ereignis"

„Ich habe heute meine Bar Mitzwa gefeiert und vor der Gemeinde aus der Tora gelesen sowie die Brachot [die zugehörigen zeremoniellen Segenssprüche] gesprochen", sagt voller Stolz der 13 Jahre alte Roy am Tag seiner Bar Mitzwa in Bamberg. Seine Familie gehört zur Liberalen Jüdischen Gemeinde von Rabbinerin Deusel, und seine Bar Mitzwa war die erste Bar Mitzwa, die ihre noch junge Gemeinde feiern durfte. Im Gottesdienst sagte Roy: „Hier stehe ich aus freiem Willen, die Gebote auf mich zu nehmen und ein Sohn der Pflicht zu werden". Sein Vater entgegnete ihm vor der Gemeinde: „Nun bist du für dich selber verantwortlich. Aber natürlich werden wir Eltern dich weiter begleiten, und wir sind stolz, dass wir dich weiter begleiten dürfen, auch wenn wir jetzt religiös nicht mehr für deine Vergehen verantwortlich sind."

Die religiöse Mündigkeit brachte es für Roy auch mit sich, dass er nun ein vollgültiges Mitglied der liberalen jüdischen Gemeinde ist. „Jetzt dürfen wir ihn aufrufen zur Tora, und er kann ab jetzt auch verschiedene Ämter in der Gemeinde übernehmen", erläutert Rabbinerin Deusel. Auch wenn der gelesene Wochenabschnitt für den jungen Mann nicht einfach zu verstehen war, wird ihn dieser ebenso wie die Segenswünsche zukünftig begleiten. „Auch die schwierigen Teile in der Tora lassen wir nicht aus. So ist das Leben. Es sind auch nicht immer nur die schönen, die angenehmen oder leicht verständlichen Dinge, denen man sich stellen sollte, und es ist gut, sich damit auseinanderzusetzen", fasst Rabbinerin Deusel die Herausforderungen für die jungen Menschen zusammen.

Timy ist der Bruder von Roy. Er ging in Israel zur Schule und machte später sein Abitur in England. An seine Bar Mitzwa in einem kleinen israelischen Dorf, wo er, seine jüngere Schwester und Roy geboren sind, kann er sich noch gut erinnern. „Die Hauptunterschiede sind natürlich erst einmal die Sprache, weil nicht alle hier Hebräisch können. Deshalb wurde heute sehr viel auf Deutsch gemacht und viel übersetzt. In Israel hatten wir Tora-Unterricht schon in der Schule, und die Kinder werden mit den Riten und Gebräuchen ganz selbstverständlich groß. Hier in Bamberg ist eine Bar Mitzwa eher etwas Seltenes. Auch das Fest ist in Israel etwas anders, mit mehr Klatschen, Singen und sogar Tanzen", erklärt Timy die Unterschiede der Feier einer Bar Mitzwa im Vergleich zu Deutschland. Timy hat seinen kleinen Bruder Roy bei der Vorbereitung zur Bar Mitzwa und während der Feier unterstützt. Er musste unter anderem lernen, wann er aufsteht, wenn zum Beispiel sein Großvater und danach sein Vater aus der Tora lesen. Dies ist im sephardischen (vorwiegend orientalisch geprägten) Judentum üblich, dem Roys Vater entstammt, während seine Mutter aus der aschkenasischen (europäischen bzw. ostjüdischen) Tradition kommt. „Mein Großvater und mein Vater geben sehr Acht drauf, dass jeweils der Sohn aufsteht und ihnen damit die Ehre erweist." Die Bar Mitzwa ist ein Schritt ins Erwachsenenleben. „Bei uns im Judentum ist man nun als Mann anerkannt und gehört als Mitglied der Gemeinde mit allen Pflichten und Rechten eigenverantwortlich der Synagoge an", unterstreicht Timy.

„Die Bar Mitzwa von meinem Sohn Timy in Israel war eher orthodox. Da ging es ein bisschen traditioneller zu. Hier in Bamberg ist es etwas familiärer, der Rahmen ist kleiner und durch die reformierte Gemeinde auch etwas persönlicher", sagt die Mutter von Roy und Timy. Nach der Schoa baute ihr Vater, der Großvater der beiden Jungen, als Vorstand die jüdische Gemeinde in Bamberg wieder mit auf. Die junge Frau berichtet, wie nicht nur die Rabbinerin bzw. der Rabbiner, sondern auch die Eltern ihre Kinder auf die Bar Mitzwa vorbereiten: „Es ist wichtig, nicht nur die jüdischen Feste zu feiern, sondern auch den Background zu kennen und Wissen zum religiös-historischen Hintergrund zu haben. Die Bar Mitzwa oder Bat Mitzwa sind die ersten größeren Schritte in das Judentum. Und es ist für jede Familie ein großes Ereignis, die Jugendlichen in dieser Übergangsphase für die offizielle Aufnahme in die jüdische Gemeinde zu begleiten. Nach der jüdischen Religion war ich bis jetzt für das Einhalten der Rituale der jüdischen Tradition und der Gebote für ihn verantwortlich", erklärt Roys Mutter. „Aber ab dem Moment, wo er das erste Mal aus der Tora liest, ist er für seine Handlungen selbst verantwortlich. Das heißt, wenn er irgendetwas macht, das gegen die jüdische Religion verstößt und er weiß, dass ihm die Regeln es verbieten, muss er von nun an dafür selber mit seinem Gewissen zurechtkommen. Durch die Bar Mitzwa steht mein Sohn selber für seine Handlungen gerade."

Neben der individuellen familiären Vorbereitung spricht Rabbinerin Deusel vorab mit den jungen Menschen über ihren Wochenabschnitt und die Prophetenlesung sowie die Mitzwot. „Wenn ich Pflichten übernehme, dann muss ich erst einmal wissen, was für Pflichten sind das denn? Und so wie in jeder anderen Religion auch, ist für diesen Meilenstein im Leben eines Menschen Vorbereitungsunterricht notwendig, in der Regel als Einzelunterricht über ein bis zwei Jahre. Die Mädchen und die Jungen lernen dabei auch, was im Gottesdienst passiert und welche Bedeutung das Ritual für sie, aber auch für die Gemeinschaft hat. Natürlich müssen sie nicht alle 613 Ge- und Verbote auswendig lernen. Es gibt auch keine Prüfung. Der Gottesdienst ist Prüfung genug. Da sitzt die Familie und die ganze Gemeinde und schaut und hört dem bzw. der Jugendlichen zu", erklärt Rabbinerin Deusel und sie zitiert, was junge Menschen an diesem Tag sagen: „Vor meiner Familie, vor meiner Gemeinde und vor der ganzen Gemeinde Israel [d. h. allen Juden der Welt] stehe ich hier und erkläre mich bereit, diese Pflichten auf mich zu nehmen." Für Roy war seine Vorbereitung auf die Bar Mitzwa mit viel Lernen verbunden: „Weil ich die Buchstaben nicht so gut auf Hebräisch lesen konnte." Aber nach dem besonderen Gottesdienst fühlt er sich erleichtert, „dass ich es geschafft habe und nun religiös zu den Erwachsenen gehöre."

Seelsorge in Zeiten von Corona

In der Corona-Pandemie ist Dr. Antje Yael Deusel als Medizinerin und Seelsorgerin doppelt systemrelevant. Sie hat auch sonst als Ärztin, Rabbinerin und Lehrbeauftragte drei Jobs. Das führte in der Arztpraxis im Präsenzdienst und im Home-Office als Rabbinerin zu besonderen Herausforderungen.

Rabbinerin und Seelsorgerin in Corona-Zeiten. Was bedeutet das konkret? „Es zeigt sich noch viel deutlicher als sonst, wie sehr Körper und Psyche eines Menschen zusammenhängen. Hier ist der seelsorgerliche Aspekt für den Patienten genauso wichtig wie die körperliche Gesundheit. Insofern sehe ich es als eine ideale Kombination, Ärztin und Seelsorgerin zugleich zu sein." Ihre rabbinischen Aufgaben sahen zeitweise anders aus als sonst, vor allem, weil während des Lockdowns die Gottesdienste fehlten und auch der persönliche Kontakt auf ein Minimum beschränkt wurde. Dafür war mehr Koordinationsarbeit nötig. Alles, was sich per Telefon und E-Mail erledigen ließ, konnte Rabbinerin Deusel problemlos machen. „Aber wie kommen die koscheren Einkäufe zu Herrn X und Frau Y? Unsere engagierten ehrenamtlichen Mitarbeiter*innen der Gemeinde lieferten die bestellten Lebensmittel und andere Dinge persönlich aus oder brachten sie als Pakete zur Post, vor allem in der Pessachzeit."

Die Synagogen waren lange geschlossen. Das hatte einige Konsequenzen für die jüdischen Gläubigen. „Der Kontakt, die persönliche Gemeinschaft fehlte – auch mir selber. Allein schon ein Freitagabend ohne Gottesdienst, das fühlte sich leer an." Gottesdienste via Livestream waren dafür kein vollgültiger Ersatz.

Rabbinerin Deusel erreichte die Menschen in dieser Zeit über zahlreiche seelsorgerliche Telefonate, oft bis spät in den Abend, wenn die Einsamkeit die Menschen am meisten bedrückte. Auch über Rundmails mit speziellen Angeboten, von Hinweisen auf online-Gottesdienste bis zu Bastelideen für die Kinder. Und nicht zuletzt über die Gemeinde-Wochenzeitung *Wort zum Schabbat*, die neben wichtigen Informationen jeweils eine Betrachtung zum Wochenabschnitt enthielt, außerdem Gedanken zu einem Gebet des Schabbatgottesdienstes mit einem passenden Gedicht oder Text als Meditation dazu, und sogar einem kleinen Feuilleton. Wer keine E-Mail empfangen konnte, bekam die Aussendungen als Brief per Post.

Und in dieser Zeit hat sie für die Gemeinde ein neues Ritual geschaffen: „Jeden Abend um 19 Uhr sprechen wir seither, jeder an seinem Ort, ein Gebet um ein baldiges Ende der Corona-Pandemie sowie um Schutz und Bewahrung vor Krankheit, für eine rasche Genesung der Kranken, um Trost und Hilfe für Trauernde und Einsame, um Kraft für die vielen Menschen, die unser Land am Laufen halten, und auch für die, deren Existenz durch die gegenwärtige Krise bedroht ist." Am Freitagabend um 18:30 Uhr – der Zeit, zu der sonst in ihrer Gemeinde der Gottesdienst beginnt –, wurden während der Synagogenschließung jeweils zu Hause die Schabbatkerzen entzündet. „Wir können nicht zusammen in einem Raum beten, aber wir können es gleichzeitig tun, als ein Zeichen der Verbundenheit."

Seit Ende Mai 2020 finden wieder regelmäßig Gottesdienste im Betsaal des Mischkan ha-Tfila statt, unter strenger Beachtung der Corona-bedingten Auflagen. Dabei zeigt sich eine deutliche Zunahme an Gottesdienstbesuchern gegenüber den Zeiten vor dem Lockdown. Fast immer sind alle der ausgewiesenen Sitzplätze besetzt. „Gerade in der gegenwärtigen Situation suchen die Menschen nach Spiritualität und haben ein starkes Verlangen nach dem gemeinsamen Gebet in der Gemeinde, nicht nur zu den jüdischen Feiertagen, sondern auch zu den regulären Schabbatgottesdiensten. Die Atmosphäre ist auch anders als zuvor. Man spürt, wie kostbar das Gemeindegebet für die Menschen geworden ist; etwas, das zuvor selbstverständlich war, hat nun einen ganz neuen Stellenwert erhalten", sagt Rabbinerin Deusel.

Antisemitismus

Auch in Bamberg nehmen die antisemitischen Untaten und öffentlichen Zeichen gegen jüdische Mitbürger zu. „Kauft nicht beim Juden", stand vor einiger Zeit an einem Brückenpfeiler in Zentrumsnähe, und nationalsozialistische und verfassungsfeindliche Symbole wie zum Beispiel SS-Runen gibt es als Schmierereien immer wieder im öffentlichen Raum.

Als Rabbinerin und Mohelet wurde Yael Deusel auch schon mehrfach direkt bedroht und beleidigt, insbesondere im Zusammenhang mit der Beschneidungsdebatte. Einmal verfolgte sie fast 40 Kilometer lang ein Unbekannter über die Autobahn; an seinem Auto waren SS-Runen angebracht. „Das war nicht besonders lustig". Sie hat den Vorfall bei der Polizei gemeldet, ebenso wie den Eingang von Drohbriefen und -Mails. Wenig später hatte sie in ihrem Briefkasten ein verdächtiges Paket. Die Polizei riet künftig zu noch mehr Vorsicht.

Was ihr in solchen Situationen hilft, ist die ausgesprochene Solidarität von unterschiedlichen Seiten: Von den Mitstreiterinnen aus der interreligiösen Fraueninitiative, deren Gründungsmitglied sie ist; von den Vertreter*innen des interreligiösen Dialogs im „Zelt der Religionen" aus der evangelischen oder katholischen Kirche, von den Muslimen oder den Bahais – hier kann sie sich auf den Zusammenhalt der Gläubigen über die religiösen Grenzen hinaus verlassen. „Aber auch die Kollegialität der Rabbiner*innen untereinander, insbesondere in der Allgemeinen Rabbinerkonferenz, tut mir gut – gerade in diesen unsicher werdenden Zeiten", sagt Rabbinerin Deusel abschließend. Und dann ist da nicht zuletzt auch ihre noch junge, aber stetig wachsende Gemeinde, die ganz entschieden hinter ihr steht. „Ich bin nicht allein – das ist ein gutes Gefühl. Und das gibt mir Kraft für meine weitere Arbeit."

Rabbinerin
Natalia Verzhbovska
„Ich bin einfach für die Menschen da, um sie bei ihrer Begegnung mit der Tora und der jüdischen Tradition zu unterstützen."

„Eine Rabbinerin mit einem Familiennamen, den fast niemand in Deutschland gleich beim ersten Mal aussprechen kann" so sagt Rabbinerin Natalia Verzhbovska und lächelt. Sie erzählt, wie ihr Name, der in der Ukraine, wo sie geboren wurde, so einfach zu lesen ist, zu einem fast unlesbaren Namen wurde: „In einem Reisepass muss man natürlich den Namen mit lateinischen Buchstaben schreiben, und zwar nach bestimmten Regelungen der EU. So habe ich für den kyrillischen Buchstaben ‚ж' in meinem Namen ein ‚zh' bekommen", das für Deutsche so fremd klingt. Schon von meinen ersten Wochen in Deutschland an habe ich mir Sorgen darüber gemacht – ist es OK, wenn eine Rabbinerin einen Familiennamen trägt, den niemand richtig aussprechen kann? Mittlerweile habe ich aber bemerkt, dass ein so schwer lesbarer Name auch von Vorteil sein kann. Wenn man sich so viel Mühe bei einem Interview oder einer Diskussionsrunde macht, um meinen Namen richtig auszusprechen, dann lernt man dabei auch die Person, die hinter diesem Namen steht, besser kennen, oder?"

Heimat und Familie

Wenn ein Jude oder eine Jüdin sagt, dass er oder sie nicht an Gott glaubt, ist das für Rabbinerin Verzhbovska kein Grund, diesen Menschen als Gegner der jüdischen Religion oder als Atheisten zu sehen. Sie stammt aus einem Gebiet der ehemaligen Sowjetunion, so wie auch rund 90 Prozent der heute in Deutschland lebenden Juden, und sie weiß genau, was es bedeutet, in einem religiösen Vakuum zu leben. Für mehr als siebzig Jahre waren die Menschen in der ehemaligen Sowjetunion von ihrer Religion getrennt, und sie wurden für ihre Religiosität sogar verfolgt. Dies betraf nicht nur die Juden, sondern alle Menschen, die ihre Religion leben wollten, also beispielsweise auch Christen. Die sowjetische Propaganda hat alles dafür getan, um die Religiosität in allen möglichen Formen aus der Gesellschaft auszurotten, und sie war ziemlich erfolgreich damit. So gingen viele Traditionen und auch das Wissen um die eigene Religion und deren Inhalte über die Jahrzehnte großenteils verloren. „Man muss einfach genug Geduld haben und jeden Tag einen weiteren Schritt machen. Die Rückkehr zu den eigenen Wurzeln, zu Tradition und Religion kann genau so lang sein wie der Weg, der die Menschen davon entfernt hat, wahrscheinlich braucht man sogar dafür noch mehr Zeit ...", sagt Rabbinerin Verzhbovska.

Natalia Verzhbovska ist in eine säkulare Familie von Ingenieuren geboren. Religion spielte keine große Rolle in der Familie, doch das Lernen, Bücher, Musik und Kunst hatten eine große Bedeutung im Familienleben. Durch ihre Großmutter kam Natalia Verzhbovska zur Musikschule, als sie fünf Jahre alt war; seitdem begleitet die Musik stets ihr Leben. Sie studierte zunächst Klavier und Musikwissenschaft im Musikkolleg in Kiew und hat danach ihren Masterabschluss im dortigen Staatlichen Tschaikowskij-Konservatorium gemacht. Anschließend war sie viele Jahre als Klavierlehrerin, Repetitorin und Klavierbegleiterin tätig. Als dann der Zusammenbruch der ehemaligen Sowjetunion die Türen für alle Religionen geöffnet hatte, begab sich Natalia Verzhbovska zusammen mit ihren Freunden neugierig auf die Suche nach einem spirituellen Weg. „Die Synagoge war nicht der erste Ort, den wir dafür aufsuchten", erinnert sich Rabbinerin Verzhbovska. „Wir waren begeistert von der Musik von Rachmaninov und Bortnjanski in der russisch-orthodoxen Kirche, von der Orgelmusik in den katholischen Kirchen in Kiew. Chöre mit berühmten Sängerinnen und Sängern wurden versammelt, und die liturgische Musik, die früher nur in den Konzertsälen gespielt wurde, hat ihre verlorene Heimat zurückbekommen."

In die Synagoge wurde sie von ihrer Freundin eingeladen. Zusammen waren sie dort beim Kabbalat Schabbat – das heißt, beim Freitagabendgottesdienst. Natalia Verzhbovska hat das erste Mal in ihrem Leben so viele jüdische Menschen an einem Ort zusammen gesehen. Früher wäre es fast unmöglich, ja sogar gefährlich gewesen, sich auf diese Weise zu treffen. Der Rabbiner sagte ein paar einleitende Worte auf Russisch (die meisten Juden sprachen damals Russisch, nicht Ukrainisch), und danach wurden die Gebete nacheinander auf Hebräisch gesprochen und gesungen. Natalia Verzhbovska erinnert sich bis heute an das Gefühl, das ihr Herz von der ersten Minute an erfüllte: Sie versteht kein Wort, die Melodien sind einfach, so fern von den prachtvollen Oratorien und Kantaten, die Menschen singen zusammen, tanzen sogar ein bisschen ... Alles war so fern von ihrem Verständnis von einen Gottesdienst und gleichzeitig dem Herzen so nah, so schmerzhaft heimisch. Während des Gottesdienstes konnte sie kein Wort sprechen, keinen Ton mitsingen, sie hat einfach – leise geweint. Sie war plötzlich spirituell zu Hause, hier, in einem einfachen Raum mit diesen Menschen, die mit Freude und Begeisterung ihre Gebete an Gott richteten.

Eine Exodusgeschichte

Der Exodus der Juden aus den Ländern der ehemaligen Sowjetunion nach der Perestroika wurde häufig mit dem biblischen Auszug der Juden aus Ägypten verglichen. Die assoziativen Parallelen zwischen diesen beiden Ereignissen in der Geschichte des jüdischen Volkes sind klar: das Sowjet-Regime, das antisemitische Propaganda verbreitete und seine jüdischen Bürgerinnen und Bürger allein wegen ihrer ethnischen Zugehörigkeit diskriminierte, lässt sich mit dem grausamen Pharao vergleichen, der die Juden in Sklaverei und unter völliger Kontrolle festhalten wollte. Die Befreiung der Israeliten aus der ägyptischen Sklaverei prägte das Bewusstsein des jüdischen Volkes; die Erinnerung daran wurde von Generation zu Generation weitergegeben und ist zum Symbol religiöser Freiheit und menschlicher Würde geworden. Das Streben nach Freiheit bewegte auch die Juden in der ehemaligen Sowjetunion dazu, ihre Heimat zu verlassen.

Natalia Verzhbovska erinnert sich an die Zeit der Ausreise der Jüdinnen und Juden aus ihrer Heimatstadt Kiew. Viele jüdische Familien haben dieses Thema besprochen – müssen sie weg aus dem Land, das so viel Leid und Diskriminierung gebracht hat? Müssen sie fliehen, oder wird es jetzt nach der Perestrojka anders, besser für sie aussehen? Sehr viele Jüdinnen und Juden haben sich für die Ausreise aus ihrer Heimat entschieden. In der jüdischen Gesellschaft herrschte damals ein Gefühl der Unsicherheit und Spannung. Zu dieser Zeit gehörten auch die Gespräche über den Kauf der für die lange Reise nötigen Dinge wie Decken, Kissen und Klappgeschirr, aber auch über die Nachrichten von denen, die den Ausreisewilligen auf ihrem Weg schon eine Etappe voraus waren, dazu viele Briefe und Telefonate. „Meine Welt veränderte sich so schnell, und ich konnte mir kaum vorstellen, wie sie ohne diese vertrauten Menschen aussehen würde. Die Verwandten und Freunde, Nachbarn und Kollegen waren ja nicht nur ein Teil des täglichen Lebens; uns verbanden gemeinsame Erinnerungen und Lebenserfahrungen. Sie wussten etwa, wie es ist, wenn man sich in einer Frühlingsnacht zu einem Bekannten aufmacht, um dort ein Paket Mazzot abzuholen und es in einem Kissenbezug versteckt nach Hause zu tragen, so als käme man vom Waschsalon zurück. Sie wussten, dass die Großmutter freitagabends die Tür zu ihrem Zimmer schloss, damit die Kinder nicht sahen, dass sie dort die Schabbatkerzen zündet", erzählt Natalia Verzhbovska rückblickend auf diese Zeit.

Kaddisch

Die Erinnerungskultur ist ein wichtiger Bestandteil der jüdischen Tradition. Es gibt jene Tage im jüdischen Kalender, die mit den tragischen Ereignissen in der Geschichte des jüdischen Volkes verbunden sind, wie z.b. der 17. Tammus und der 9. Aw als Erinnerungstage zum Gedenken an die Zerstörung des Tempels, oder den „Gedenktag für die Opfer der Schoa" am 27. Nissan. Die Bewahrung der Erinnerungen an die verstorbenen Verwandten ist eine Pflicht für die Familienmitglieder, um dadurch Respekt für das Menschenleben zu zeigen, und auch, damit die Kinder ihre Wurzeln kennen. Vier Mal im Jahr wird ein besonderes Gebet – *Jiskor,* das der Erinnerung an die verstorbenen Menschen gewidmet ist, in den Synagogen gelesen. Aber auch jedes Mal, wenn Juden zusammen beten – morgens, nachmittags oder abends – kommt am Schluss das Kaddisch – ein Gebet zur Erinnerung an die verstorbenen Menschen.

Um Kaddisch zu sagen, muss man einen Minjan, also eine Gruppe aus zehn erwachsenen Jüdinnen und Juden bilden, um mit ihnen zusammen dieses Gebet zu rezitieren, denn nach der jüdischen Tradition ist es verboten, das Gebet allein zu sprechen. Das Kaddisch sagt man quasi im Dialog, es ist ein Dialog zwischen den Menschen, die jene schmerzhaften Erinnerungen in ihrem Herzen durchleben, und den Menschen, die ihre Bereitschaft zeigen, in diesem Moment bei ihnen zu sein, ihnen die Hand zu reichen und Worte des Trostes zu sagen. Es ist ein Moment der Erkenntnis der Vergänglichkeit des Lebens und gleichzeitig eine Stärkung des Glaubens. Dies ist ein Blick in die Vergangenheit und gleichzeitig eine Bestätigung des Sieges des Lebens; denn das

Gebet spricht nicht vom Tod, sondern von der Herrlichkeit und Allmacht Gottes.

Das Kaddisch sagen die nächsten Familienangehörigen für ihre Verstorbenen regelmäßig während des ersten Jahres der Trauer und an der Jahrzeit. Die Jahrzeit – den Todestag eines Menschen – berechnet man immer nach dem jüdischen Kalender. Viele Gemeindemitglieder wenden sich daher an Rabbinerin Verzhbovska mit der Bitte, das Datum des Todes ihrer verstorbenen Verwandten nach dem allgemeinen Kalender ins jüdische Datum zu übertragen.

Eines Tages kam ein Mann, Mitglied der Gemeinde in Oberhausen, zu Natalia Verzhbovska mit einem Zettel mit von Hand geschriebenen Namen. Er war ungefähr fünfundsiebzig Jahre alt, stammt aus Kiew, der Heimatstadt von Rabbinerin Verzhbovska. Auf dem Zettel standen vierzehn Namen, aber dahinter stand kein Sterbedatum, sondern verschiedene Bemerkungen – „meine Tante", „die Schwester meiner Großmutter", „mein Cousin" und so weiter. Das waren die Namen seiner Verwandten, die von den Nazis im Babij Jar in Kiew im Jahr 1941 ermordet worden waren. Der Mann erinnerte sich nicht mehr an alle Gesichter, er war auch traurig, dass er von manchen keine Fotos hat. Sein Zettel war schon ein bisschen zerlesen, und er sagte, während er das Papier glattstrich, dass er die Liste wieder neu schreiben müsse, damit er die Namen deutlich lesen könne. „Aber ich habe an Sie als Rabbinerin eine Frage", sagte der Mann zu Natalia Verzhbovska. „Sie sagten uns viele Male, dass man das Kaddisch für die verstorbenen Verwandten an der Jahrzeit ihres Todes sagen soll. Ich habe damit aber ein Problem – ich habe keine Ahnung, an welchem Tag meine Verwandten vernichtet wurden. Damals haben meine Eltern nur die Nachricht bekommen, dass sie zum Opfer von Massenmorden im Babij Jar geworden sind." Natalia Verzhbovska erinnert sich an die Tränen, mit denen sich ihre Augen in diesem Moment gefüllt haben, und an einen Kloß in ihrem Hals. Am 29. und 30. September 1941 waren mehr als 33.000 Jüdinnen und

Juden jenen Massenmorden im Babij Jar zum Opfer gefallen, es war am 8. und 9. Tischrej, kurz vor Jom Kippur – dem Versöhnungstag, dem höchsten Feiertag am 10. Tischrej im jüdischen Kalender.

Es gibt aber auch ein festes Datum, das als Jahrzeit für alle Opfer des Holocaust in Israel etabliert wurde, das ist der 10. Tewet. Natalia Verzhbovska hat dem Mann von beiden Möglichkeiten erzählt und war von seiner Antwort sehr bewegt: „Ich werde an beiden Tagen für sie das Kaddisch sagen – am 8. Tischrej für sie als meine Verwandten und am 10. Tewet für sie als einem verstorbenen Teil meines Volkes."

Ein langer Weg des Lernens

Natalia Verzhbovska wurde viele Male bei Interviews gefragt, ob es eine Berufung gewesen sei, die sie zum Rabbinat gebracht habe. Sie antwortet auf diese Fragen stets, dass sie es nicht als Berufung, sondern als Entscheidung betrachtet, und hinter dieser Entscheidung steht ein langer Weg des Lernens und der Überlegungen.

Die ersten Schritte im Lernen hat sie mit ihrem Sohn in der Sonntagsschule bei der liberalen jüdischen Gemeinde in Kiew gemacht. Sie haben dort gemeinsam gebastelt, gesungen und die ersten Gebete gelernt. Sie hat damals auch begonnen, Hebräisch zu lernen. Sie engagierte sich bei der Organisation der Kulturprogramme und von Konzerten in ihrer Gemeinde. Es war auch die Zeit ihrer Entdeckung der jüdischen Musik und der Geschichten der jüdischen Komponisten. Als Lektorin wurde sie häufig für unterschiedliche Seminare nicht nur in Kiew, sondern auch in Moskau engagiert.

Eine neue Periode in Natalia Verzhbovskas Leben begann, als sie zusammen mit ihrem Ehemann Rabbiner Alexander Lyskovoy nach St. Petersburg gezogen ist. Es war die erste Arbeitsstelle für ihren Mann, die er nach seiner Ordination zum Rabbiner am Leo Baeck College in London bekommen hatte. Die Weltunion

Progressiver Juden hatte ihn als liberalen Rabbiner nach St. Petersburg geschickt mit der Aufgabe, dort eine liberale Gemeinde zu etablieren. Alexander als Rabbiner und Natalia als Rebbetzin – seine Ehefrau – waren dort ganz allein, um diese Aufgabe zu erfüllen. Die jüdischen Organisationen waren am Anfang ziemlich skeptisch gegenüber der Idee von einer neuen Gemeinde in der Stadt, und sie zeigten keine Unterstützung und keine Bereitschaft zu einer Mitarbeit: „Niemand braucht hier eine neue Gemeinde, alle Juden haben schon ihren Platz gefunden, sowohl die säkularen als auch die religiösen", sagten sie bei den Gesprächen. Doch da waren Alexander Lyskovoy und Natalia Verzhbovska anderer Meinung, sie waren sicher, dass die Ideen des liberalen Judentums einen Widerhall bei vielen Juden in der Stadt finden könnten. Die religiöse Gleichberechtigung von Männern und Frauen, die attraktiven und musikreichen Gottesdienste, die modernen Vorstellungen über jüdische Identität und Tradition – diese Werte des liberalen Judentums sollten zu einer Alternative für die Menschen werden, die sich nicht mit der chassidischen Ideologie von Chabad oder mit der traditionellen Orthodoxie identifizieren können. Die ersten Treffen und Gottesdienste hat das rabbinische Ehepaar bei sich zu Hause organisiert – sie hatten damals noch keinen Synagogenraum. Nach einem halben Jahr konnten Alexander Lyskovoy und Natalia Verzhbovska schon erfolgreich den ersten Pessachseder in ihrer neu gegründeten liberalen jüdischen Gemeinde mit 50 Menschen feiern. Schritt für Schritt wurden die regelmäßigen Gottesdienste und Gemeindeaktivitäten organisiert. Natalia Verzhbovska hatte viele Aufgaben in der Organisation und der Leitung der Gottesdienste, für Lehrveranstaltungen und Kulturprogramme übernommen. Während dieser Zeit sollte sie viel lernen und auch viel unterrichten. Hand in Hand hat Natalia Verzhbovska dabei mit ihrem Mann gearbeitet, um ein Fundament für die neue Gemeinde zu schaffen. Genau in dieser Zeit begann sie auch Seminare für jüdische Lehrkräfte in Moskau und Jerusalem zu besuchen, um sich mehr Kenntnisse für ihre neue

Beschäftigung mit dem Gemeindeaufbau und für jüdische Bildung anzueignen. Mehr und mehr war sie in die Gemeindearbeit involviert, sie organisierte die Musikseminare für die Leiter der Gottesdienste, die in den liberalen jüdischen Gemeinden in Russland, Weißrussland und der Ukraine amtierten; zusammen mit einer Kollegin verfasste sie einen Lehrplan für jüdische Kindergärten und jüdische Sonntagsschulen. Natalia Verzhbovska war eine erfolgreiche Lehrerin und Lektorin, bemerkte aber langsam, dass das Selbststudium ihr keine weiteren Perspektiven für ihren neuen Beschäftigungsbereich mehr bot.

Paideia

Natalia Verzhbovska war bereits 39 Jahre alt, verheiratet und hatte einen Sohn, als sie sich für das Programm *Paideia* in Stockholm entschied. Dieses Programm bot ein intensives Lernen der jüdischen Texte und von Hebräisch an, was aber gleichzeitig für sie zu einer großen Herausforderung werden sollte. „Ich wusste nicht, ob ich es überhaupt schaffe, zehn Monate lang ohne meinen Mann und meinen Sohn zu leben. Die Sprache des Programms war Englisch – ja, ich habe Englisch gesprochen, aber ob mein Sprachniveau für das Studium gut genug ist, wusste ich nicht, mir fehlte auch der spezielle Wortschatz und die Sprachpraxis", sagt Natalia Verzhbovska. Diese zehn Monate verlangten Natalia Verzhbovska viel Energie und Mut ab. Sie hat viel gelernt, sie verbesserte ihr Englisch und Hebräisch, knüpfte neue Kontakte und formulierte auch ihre Visionen und Ziele – sie wollte unbedingt weiter lernen, und zwar indem sie ein Studium im Bereich der jüdischen Disziplinen absolvierte.

Die Entscheidung

Wien, die Tagung der Europäischen Union Progressiver Juden. Natalia Verzhbovska und Alexander Lyskovoy sind da, um sich mit Kollegen und Bekannten zu treffen, um neue Ideen für ihre Arbeit zu sammeln. Dort treffen sie auch Rabbiner Walter Homolka, den Rektor des Abraham Geiger Kollegs, der über das Studienprogramm zur Ausbildung von liberalen Rabbinern für Europa berichtet. „Ob das wohl für mich das Richtige ist?", dachte Natalia Verzhbovska. Hinter ihr lag schon mehr als ein Jahr der Überlegungen über ihr weiteres Studium. Sie war sehr stolz darauf, dass sie vom Hebrew Union College in New York zur Teilnahme am rabbinischen Studienprogramm eingeladen worden war. Aber das musste sie ablehnen, denn das HUC in New York war zu weit weg vom Wohnort ihrer Familie, und es hätte zudem enorm viel Geld gekostet, dieses hatte sie auch nicht. Das Programm in Berlin und Potsdam sah sehr attraktiv aus, und es war nur drei Stunden mit dem Flugzeug von Moskau entfernt. Das Kolleg bot seinen Studenten auch ein Stipendium an, aber es gab da noch ein großes Problem – sie sprach kein Deutsch. „Das ist kein Problem, das ist eine Herausforderung", sagte Rabbiner Walter Homolka, „unsere Studenten kommen zu uns aus vielen Ländern, wir bieten ihnen einen fundierten Deutschunterricht an, und wenn sie fleißig sind und genug Selbstdisziplin haben, dann können sie auch das Universitäts- und das rabbinische Programm meistern."

Ein halbes Jahr später begann Natalia Verzhbovska ihr Studium am Abraham Geiger Kolleg. Berlin war viel kleiner und gemütlicher als Moskau, wo sie mit ihrer Familie die letzten Jahre gelebt hatte. Ihr Mann war inzwischen zum liberalen Landesrabbiner in Russland und Aw Bet Din („Herr des jüdischen Gerichts", d. h. Vorsitzender des Rabbinatsgerichtes) in Russland geworden, weswegen die Familie von St. Petersburg nach Moskau umgezogen war. Die Familie spielte für Natalia Verzhbovska immer eine der wichtigsten Rollen in ihrem Leben, sie stand ihrer Mutter immer sehr nah, ebenso ihrem Bruder und dessen Familie; ihr eigener Sohn Roman Aharon verbrachte mit seinen Cousinen immer einige Zeit während der Sommerferien. „Das war für mich die größte Herausforderung im Studium", erzählt Natalia Verzhbovska. „Es war nicht die deutsche Sprache, für die ich über ein Jahr täglich fünf Stunden lernen musste und durch drei Sprachprüfungen gehen sollte, um an der Uni studieren zu dürfen; auch nicht die liturgischen Texte, Gesetze und Regelungen, die zur rabbinischen Ausbildung gehörten, sondern die Jahre ohne normales Familienleben. Wir haben uns während dieser Zeit als „Shuttle Family" bezeichnet. Unsere Zeitpläne waren sorgfältig aufeinander abgestimmt, damit wir unsere gegenseitigen Besuche organisieren konnten. Es war nicht so einfach – ich hatte mein Studium, mein Mann arbeitete in Vollzeit als Rabbiner, mein Sohn studierte an der Uni. Sogar meine Mama verbrachte von Zeit zu Zeit ein paar Monate in Moskau, um dort meinen Mann und meinen Sohn zu unterstützen. Was ist das für ein Segen, eine solche Familie zu haben! Ich bin meiner Familie dankbar für all das, was ich in meinem Leben erreicht habe. Ohne ihre Hilfe hätte ich es nie geschafft. Sie haben mir den Mut gegeben, weiterzumachen, wenn ich verzweifelt war; ich habe zusammen mit meinem Mann die Lernmaterialien diskutiert; jeden Abend haben wir uns online „getroffen", um über unseren vergangenen Tag zu sprechen. Als ich meine rabbinische Ordination in der Bielefelder Gemeinde gefeiert habe, wollte ich meine ganze Familie zur Bima (das erhöhte Pult in der Synagoge, von wo aus der Gottesdienst geleitet und auch aus der Tora vorgelesen wird) bringen, um Allen diese echten Helden zu zeigen: Hier sind sie, die Menschen, die mit mir alle Schwierigkeiten des Studiums geteilt haben, und die mir geholfen haben, diesen Tag zu erreichen."

Chewruta – eine jüdische Art des Lernens

Das Studium am Abraham Geiger Kolleg ist eine Kombination der akademischen Ausbildung in den Jüdischen Studien an der Uni Potsdam mit dem spezifischen Programm der rabbinischen Ausbildung am Kolleg. Die Studenten absolvieren damit zwei Programme parallel. Gleichzeitig gehen sie bereits ab dem zweiten Studienjahr in die Gemeinden, um dort Praktika zu machen. Das

Studium nimmt ihre ganze Zeit in Anspruch, und die Studenten verbringen dadurch sehr viel Zeit miteinander. Dieses gemeinsame Lernen stellt einen Grundstein der rabbinischen Ausbildung dar und spielt eine große Rolle in der professionellen Vorbereitung der zukünftigen Rabbiner.

In Pirkei Awot („Sprüche der Väter"), einem Traktat in der Mischna (einem religionsgesetzlichen Kodex aus dem 1. bis 2. Jh. u. Z., der zusammen mit der Gemara den Talmud bildet), findet man den Rat, den Rabbi Joschua ben Abuja, Perachjas Sohn, seinen Schülern gegeben hat: „Such dir einen Lehrer und erwirb dir einen Freund." (Pirke Awot 1,6)

Hinter diesem kurzen Satz steht ein großes Konzept des Lernens im Judentum. Beim Lernen wird die Kette der Tradition bewahrt und weitergeführt, das bedeutet, man soll einerseits von den Gelehrten und Weisen lernen, sich aber gleichzeitig einen Freund, einen Chewruta-Partner, für die Diskussionen um den Lernstoff suchen, da die Wahrheit – so sagt die Tradition – nur aus dem Dialog kommt.

Chewruta heißt auf Hebräisch „Freundschaft"; eine solche Chewruta-Gruppe besteht aus zwei bis maximal fünf Teilnehmern, die in ihren Studien unterschiedlich weit fortgeschritten sind, so dass die jüngeren von den weiter im Lernen fortgeschrittenen Studierenden profitieren können. Das Lernen in der Chewruta ist eine alte jüdische Tradition. Diese Lernart basiert auf dem aktiven Austausch der Meinungen und Ideen. Die Texte sollten laut gelesen werden, damit jedes Wort seinen Klang bekommt. Bei der Artikulation bekommt der Text schon seine erste Interpretation, da jeder Teilnehmer unterschiedliche Betonungen beim Lesen setzt. Dies ist der Startpunkt für die Anderen, ihre erste Reaktion zu formulieren und den Dialog zu beginnen. Während der Diskussion schaffen sie ein Feld der Ideen, die sie inspirieren, weiter nachzudenken und neue Ansatzpunkte zu finden – das Lernen kommt deswegen nie an ein Ende, sondern wird immer weiter fortgesetzt.

Natalia Verzhbovska hat am Abraham Geiger Kolleg sowohl inspirierende Lehrer als auch gute Freunde gefunden; viele von ihnen sind später zu ihren Kollegen geworden. Die Studentengruppe bestand aus Menschen unterschiedlichen Alters, mit unterschiedlichem religiösem und kulturellem Hintergrund und unterschiedlicher Lebenserfahrung. Eine Polyphonie der Sprachen füllt die Räume des Kollegs – Deutsch, Englisch, Französisch, Spanisch, Hebräisch, Russisch, Ukrainisch, Serbisch, Ungarisch ... Fast alle Studenten sprechen Deutsch mit einem Akzent, da achtzig Prozent von ihnen aus dem Ausland nach Deutschland zum Studium gekommen sind. Das war aber nie eine Barriere in der Kommunikation, denn sie alle strebten danach, zu lernen – dabei war die Tora die gemeinsame Sprache, welche alle Studierenden einte.

Die Brückenbauerin: Aufgabe, Visionen

Deutschland war einst der Geburtsort sowohl der neuen reformierten Strömungen im Judentum als auch der Idee von einer jüdischen akademischen Ausbildung. Hier öffneten sich damals die Tore der ersten Akademien für die Vorbereitung von Rabbinern – so entstand das Jüdisch-Theologische Seminar in Breslau (1854) und danach die Hochschule für die Wissenschaft des Judentums (1872) in Berlin. Die Aufgabe der Rabbiner, die an diesen Akademien ausgebildet und ordiniert wurden, war es, die Werte des Judentums in seiner Lebendigkeit und Offenheit zu stärken. Sie waren der festen Überzeugung, dass die jüdische Religion ein riesiges Potential für die Entwicklung hat. Unter ihnen war auch ihre ehemalige Kommilitonin, Regina Jonas, die erste Frau in der jüdischen Geschichte, die den Titel „Rabbiner" bekommen hat.

Jene damalige jüdische Gesellschaft existiert nach der Tragödie des Holocaust nicht mehr, sie wurde zerstört, verbrannt, zerrissen. Seit dem Ende des Zweiten Weltkrieges haben die jüdischen Gemeinden nicht nur in Deutschland, sondern in ganz Europa nur eine einzige Aufgabe – das jüdische Leben wieder aufzubauen, damit die jüdischen Gebete und die Worte der Tora wieder in den Synagogen klingen, die jüdischen Kinder die Tradition ihres Volkes lernen, und die Jüdinnen und Juden wieder gemeinsam die Feiertage mit Tanz, Musik und leckerem Essen feiern.

Das Abraham Geiger Kolleg ist ein Teil dieser großen „Baustelle".

Während des Studiums sind alle Studierenden verpflichtet, Praktika in den jüdischen Gemeinden zu machen, um ihre theoretischen Kenntnisse in die Praxis umzusetzen. Ihr letzter Praktikumsort ist für Natalia Verzhbovska schließlich zum Arbeitsplatz geworden: Drei liberale Gemeinden – Köln, Unna und Oberhausen, die zusammen den Landesverband der progressiven jüdischen Gemeinden in Nordrhein-Westfalen gegründet haben, haben gemeinsam Natalia Verzhbovska eine Stelle als Rabbinerin angeboten. „Ich war sehr glücklich darüber", sagt Rabbinerin Natalia Verzhbovska, „denn ich wusste, dass es ziemlich schwierig ist, eine Stelle als Rabbinerin bei den jüdischen Gemeinden zu bekommen. Obwohl Frauen seit schon mehr als fünfzig Jahren im Rabbinat in den nicht-orthodoxen jüdischen Gemeinden weltweit amtieren, sieht eine Rabbinerin in Deutschland noch immer exotisch aus." Rabbinerin Natalia Verzhbovska sieht einen Grund für diese Situation im langen Bruch in der Entwicklung der liberalen Tradition in Deutschland nach der Schoa. Trotzdem ist sie sehr optimistisch: „Hinter uns stehen schon mehr als zweihundert Jahre an liberaler Tradition – die Mehrheit der Synagogen in Deutschland war vor dem Zweiten Weltkrieg liberal, und unsere Aufgabe ist es, die Werte der liberalen jüdischen Tradition weiterzutragen und den Menschen näherzubringen."

Natalia Verzhbovska versteht ihre Aufgabe als Gemeinde-Rabbinerin als „Brückenbauerin". „Das vergangene 20. Jahrhundert hat viel Gram und Zerstörung für das jüdische Volk mit sich gebracht: Der Zweite Weltkrieg, Holocaust, Stalinismus, die Verfolgung und Vernichtung der Juden in den Ländern mit kommunistischem Regime haben nicht nur das Leben von Millionen

Jüdinnen und Juden genommen, diese Wunden beeinflussen immer noch das Leben der Juden weltweit, und die Folgen dieser tragischen Zeit sind noch heute erkennbar. Die traumatischen Erinnerungen, Angst, ein generationenlanges Leben ohne Religion, oder sogar im Streit mit Gott und mit der eigenen Identität, haben die Beziehungen der Menschen zu Gott stark verändert, häufig sogar zerrissen." Auch ein ansteigender Antisemitismus in Deutschland bringt viel Unruhe ins jüdische Leben.

Fast neunzig Prozent der jüdischen Gemeinden in Deutschland bestehen zum größten Teil aus Zuwanderern aus den Ländern der ehemaligen Sowjetunion. Diese Menschen haben den langen und schwierigen Weg eines Integrationsprozesses hinter sich: Eine neue Sprache, die so schwer zu erlernen ist, neue Regeln, eine neue kulturelle Umgebung. Heute sind sie sehr stolz darauf, dass ihre Kinder und Enkelkinder ohne Akzent Deutsch sprechen, dass sie erfolgreich in die deutsche Gesellschaft integriert sind, auch wenn sie manchmal mit Bedauern feststellen, dass sie viele Fehler im Russischen oder Ukrainischen machen. „Was ich aber bewundere und was mich jeden Tag in meiner rabbinischen Arbeit inspiriert", sagt Rabbinerin Verzhbovska, „sind ihr Mut und die Beharrlichkeit, mit der sie das jüdische Leben in ihrer neuen Heimat aufbauen. Die Zuwanderer haben ihr osteuropäisches jüdisches Temperament nach Deutschland mitgebracht, sie backen, kochen und singen gern. Sie tanzen auf jüdischen Hochzeiten, überschütten die Bar- und Bat-Mizwa-Kinder mit Süßigkeiten, organisieren interreligiöse Veranstaltungen und laden Gäste zu jüdischen Kochkursen ein. Ihre Stimmen füllen die Synagogen; ihre strahlende Jüdischkeit ist paradoxerweise nicht immer mit Religiosität verbunden, doch man kann sehen, wie sie den zerrissenen Faden, der sie mit ihren religiösen Wurzeln verband, mit Sorgfalt und Liebe neu knüpfen."

Rabbinerin Verzhbovska erzählt von einem Phänomen, das sie bei den jüdischen Familien von Zuwanderern häufig beobachtet: „Traditionell sollte es so sein, dass die Eltern ihre religiöse

Erfahrung und Kenntnisse an ihre Kinder weitergeben. Heute aber kann man sehen, dass es häufig umgekehrt geht. Die Kinder, die in Deutschland geboren sind, haben mehr Erfahrung und Kenntnisse in der jüdischen Tradition als ihre Eltern, da sie die jüdischen Schulen und Kindergärten besuchen und an den Ferienprogrammen der jüdischen Organisationen teilnehmen. Sie helfen mir häufig, einen Dialog mit ihren Eltern und Großeltern zu beginnen, die sich oft aus Angst und Unsicherheit von der Religion distanzieren."

Rabbinerin Natalia Verzhbovska ist der Meinung, dass man durch Bildung, Lernprojekte und attraktive Familienaktivitäten die Jüdinnen und Juden für die Synagogen gewinnen kann. Aus diesem Grund hat sie die Bildungsprojekte zum Fokus in ihrer Arbeit gemacht. Es ist nie zu spät und nie zu früh, mit dem Toralernen zu beginnen. Rabbinerin Natalia Verzhbovska organisiert die Lernveranstaltungen und Gemeindeaktivitäten für alle Altersgruppen in den drei von ihr betreuten Gemeinden. „Jeder und Jede kann in der Tora finden, was ihm oder ihr entspricht, das ist ein Geheimnis der Heiligen Schriften – sie bleiben immer aktuell und lebendig für jede Generation", sagt Rabbinerin Verzhbovska, „und ich bin einfach für die Menschen da, um sie bei ihrer Begegnung mit der Tora und der jüdischen Tradition zu unterstützen."

Rabbinerin
Diane Tiferet Lakein

„Ich mache das, um über Gott zu reden: I'm delighted to be God's Cheerleader."

Weltoffen und tolerant auf drei Kontinenten erzogen

Diane Tiferet Lakein war viele Jahre Rabbinerin in Deutschland und der Schweiz. Die US-Amerikanerin wurde 1966 in San Francisco geboren. So wie viele Amerikaner hat auch Rabbinerin Lakein europäische Wurzeln. Ihre Urgroßeltern wanderten um 1900 in die Staaten ein. Der väterliche Teil stammt aus Litauen und der Ukraine; der mütterliche weitgehend aus Weißrussland.

Im Alter von acht Jahren trennten sich ihre Eltern, und 1975 zog Diane Lakein mit ihrer Mutter und ihrem nichtjüdischen Stiefvater nach Stockholm. Dort war die Familie in die jüdische Gemeinde gut integriert. Diane Lakein ging in die jüdische Schule und fuhr in den Sommerferien in ein jüdisches Ferienlager. „Ich war relativ religiös und wollte natürlich meine Bat Mitzwa feiern und aus der Tora lesen." Als Mädchen durfte sie dies jedoch nicht. „Unser Rabbiner und unser Kantor in Stockholm waren Masorti, also konservativ eingestellt. Damals war die Masorti-Bewegung nicht-egalitär. Ausschließlich Jungen (ab 13 Jahren) und Männer wurden zu der Zeit zur Tora aufgerufen und durften die Gemeinde im Gebet leiten. Als Kompromiss durfte ich die Haftara, einen Auszug aus den Prophetenbüchern unserer Hebräischen Bibel, lesen. Im Prinzip haben sie mich behandelt wie einen Jungen im

Vor-Bar-Mitzwa-Alter. Ich war für sie jemand, der keine Gottes-dienste für andere leiten darf."

Sie war damals sehr stolz darauf, für die Haftara-Lesung neben dem Rabbiner unten an der Bima, dem Lesepult, zu stehen. Rückblickend sei es „allerdings keine schöne Erfahrung gewesen. Die Frauen saßen oben auf der Empore. Ich durfte für diesen einen Gottesdienst – ‚meinen' Gottesdienst – einmal unten bei den Männern sein. Dankbar bin ich aber, dass diese Erfahrung, als Mädchen liturgisch und rituell ausgegrenzt zu sein, mich nicht vom Judentum oder von Gott hat abwenden lassen."

Als Teenagerin verließ Diane Lakein zusammen mit ihren Eltern und zwei Geschwistern Europa und ging zurück in die USA. In Washington D.C. besuchte sie ein internationales Gymnasium, wo sie Jugendliche aus der ganzen Welt kennenlernte und vieles über die religiöse Praxis anderer Religionen erfuhr. Dies verstärk-te ihre ohnehin weltoffene und tolerante Perspektive.

Das erste Gespräch mit ihr zu diesem Buch findet im Café des Bonner Museums König statt, denn in Bonn hatte Rabbinerin Lakein bis Ende 2019 ihren familiären Mittelpunkt in Deutsch-land. Zudem passt der Treffpunkt in dem bekannten Naturkunde-museum sehr gut zu ihrem Curriculum, wie sich im Laufe des Gesprächs mit Blick auf ihre Studienabschlüsse zeigen wird. Nur ganz wenig hört man es noch, dass die Rabbinerin keine deutsche Muttersprachlerin ist. Ihr leichter Akzent ist kaum vernehmbar und das Gespräch mit ihr sehr angenehm. Ihre offene, freundliche und unkomplizierte Art findet ihren Ausdruck darin, dass sie gleich beim ersten Kennenlernen auch Persönliches aus ihrem Leben anspricht.

Natürlich möchten viele wissen, wie die US-Amerikanerin überhaupt nach Deutschland kam. „1990 wohnte ich das erste Mal für neun Monate in Deutschland, um Deutsch zu lernen. Die Ver-änderungen damals haben mich sehr bewegt. Aus diesem Grund kam ich 1994 als Ethnologiestudentin zurück." Mit Stipendien des Deutschen Akademischen Austauschdienstes (DAAD) sowie des

164

„Social Science Research Council" (SSRC) wurde ihr dies in der deutschen Hauptstadt ermöglicht. „Ich bin nach Deutschland gekommen, um meine Dissertation zu schreiben. Mein Thema war unter anderem die Erforschung der Strukturen der linken, antirassistischen Bewegung in Berlin und das Selbstverständnis einzelner deutscher Aktivist*innen als Deutsche, die sich antirassistisch engagieren."

Begonnen hat Diane Lakein ihren verschlungenen Bildungsweg mit einem Bachelor in Sinologie und internationaler Politik an der Princeton University. Anschließend wechselte sie an die University of Michigan, Ann Arbor, wo sie einen Master in „Ethnologie" und „Women's Studies" erwarb, bevor sie nach Berlin zog.

Während ihrer Zeit in Princeton absolvierte Diane Lakein von 1985 bis 1987 einen Studienaufenthalt an der Universität Peking. „Ich lernte einiges über den Buddhismus, sprach damals auch gut Chinesisch und führte für eine wissenschaftliche Arbeit sogar Interviews in der Landessprache. Aber wie das Gehirn so ist, verschwindet die Sprache weitgehend, wenn man sie nicht nutzt." Sprachen sind eine Stärke der Rabbinerin; neben ihrer Muttersprache Englisch spricht sie auch fließend Schwedisch und Deutsch. Mit ihrem Hebräisch ist sie nicht ganz so zufrieden. Am Ende meint sie aber, dass für sie vor allem die unterschiedlichen Lebenserfahrungen zählen.

Rückblickend bilanziert sie für sich: „Das war eine super spannende Zeit in China. Es war eine Zeit großer Offenheit. Ich hatte das Glück, im ganzen Land herumreisen zu können. Unter anderem fuhr ich zweimal nach Tibet, wo ich bei einer sehr gläubigen Buddhistenfamilie unterkam, deren Vater ein religiöser Thangkamaler war. An der Universität wollten die Chinesen nicht, dass ausländische Student*innen zusammen mit chinesischen Student*innen im selben Wohnheim wohnten. Stattdessen wurden alle Ausländer in einem Wohnheim zusammengebracht, fast wie in einer kleinen Version der Vereinten Nationen. Ich lebte dort zum ersten Mal in meinem Leben mit Studenten aus der ganzen Welt zusammen, zum Beispiel aus Russland, Nordkorea, Neuseeland, Japan, West- und Ostdeutschland. Dort traf ich auch den Mann, der später mein Ehemann und der Vater meiner Kinder werden sollte." Dieser private Grund führte sie neben ihrem Forschungsinteresse Mitte der 1990er Jahre in die Bundesrepublik.

„Rabbinerin zu werden war eigentlich nie mein Plan"

Während des Schreibens ihrer Dissertation kam Diane Lakein an einen Punkt, wo sie nicht weiterkam. Sie hatte ihre Leidenschaft für akademische Forschung verloren, geriet in eine Sinnkrise und hatte das Gefühl, zu viel über andere Menschen und deren zum Teil gescheiterten Versuche, die Welt zu verbessern, zu schreiben. „Das wollte ich nicht mehr, lieber wollte ich selbst in der Welt agieren." Wie genau, wusste sie jedoch noch nicht. Im Herbst 2004 verbrachte Diane Lakein mit ihrer kleinen Tochter einige Monate in Kalifornien bei ihrer Mutter, die dort aktives Mitglied in der „Jewish Renewal"-Gemeinde „Chadeish Yameinu" ist. „Diese Gemeinde nahm mich herzlich in ihrer Mitte auf und bestärkte mich in meinem jüdischen Weg. Im Folgenden suchte ich nach einer Möglichkeit zur Professionalisierung dieses Wegs, die mit meiner Rolle als Mutter und mit meinem jüdischen Leben in Deutschland vereinbar war und meiner religiösen und spirituellen Auffassung entsprach." Sie summiert: „Rabbinerin zu werden war eigentlich nie mein Karriereplan. Ich habe es erst im Alter von 40 Jahren für mich erkannt, dass das Rabbinat meine Berufung ist."

Parallel zu ihrer Feldforschung suchte Diane Lakein in Berlin ab 1994 gleichgesinnte jüdische Menschen. „Wir feierten gemeinsam die jüdischen Feste und trafen uns in der Freizeit. Ich war von Anfang an im jüdischen Leben in Deutschland engagiert und bemüht, es mit spirituellem Optimismus mitzugestalten." So erlebte sie 1998 die Gründung des europäischen Netzwerkes jüdischer Feministinnen „Bet Debora" („Haus der Debora" – einer jüdischen Prophetin, Richterin und Politikerin) mit. In diesem Kreis hörte Diane Lakein auch das erste Mal von Regina Jonas, der ersten Frau, die zur Rabbinerin ordiniert wurde.

Als Kind war Diane Lakein zionistisch erzogen worden. Im Alter von zehn Jahren war sie mit ihren Großeltern zum ersten Mal in Israel. Zwei Jahre später reiste sie erneut mit ihrer Schulklasse dorthin. „Dann die nächsten 28 Jahre nicht. Also dachte ich mir, wenn ich jetzt überlege, Rabbinerin zu werden, müsste ich dort mal wieder hin." Zusammen mit ihrer Mutter machte sie 2007 eine zweiwöchige Reise nach Israel. Es wurde für sie zu einer intensiven spirituellen Zeit, die ihre Berufung bestätigte. In Israel betete Diane Lakein innig für Klarheit über ihren weiteren Lebensweg und bekam das Gefühl, ihre Seele werde beflügelt und unterstützt in ihrem Ziel, „Gott mit Freude zu dienen" (Psalm 100,2).

Im Januar 2008 fing sie bei ALEPH das Rabbinatsstudium an. „ALEPH steht für ‚Alliance for Jewish Renewal' und ist zugleich der erste Buchstabe des Hebräischen Alphabets. ALEPH strebt nach einem modernen Judentum, welches freudig, kreativ und spirituell ist und sich für soziale und ökologische Gerechtigkeit engagiert. Jewish Renewal ist eine jüdische Bewegung, die Menschen jedes Geschlechts, jeder Sexualität und jedes ethnischen und kulturellen Hintergrunds willkommen heißt. Diese Intention spiegelt sich unter anderem in ihrer alternativen liturgischen Sprache wider. Diese stammt zum Teil aus mystischer Tradition, welche sich auch weiblicher Gottessprache bedient. Statt der gebräuchlichen, männlichen Anrede zu Gott, mit der viele unserer Gebete beginnen, „Baruch ata Adonaj", sprechen wir Gott auch als weiblich an und sagen „Brucha at Yah Shekhinah". Rabbiner Zalman Schachter-Shalomi, der Gründer von Jewish Renewal, war ein Verfechter des „deep ecumenism", also des Austauschs der Anhänger*innen verschiedener Religionen über ihre spirituelle Praxis und Gotteserfahrungen. So fuhr Rabbiner Schachter-Shalomi zum Beispiel 1990 nach Indien, um dort den

Dalai Lama zu treffen. Mich sprach einerseits der modernisierte chassidische Impuls von Jewish Renewal an, welcher sich in Selbstreflexion und spiritueller Suche manifestiert. Andererseits bewegte mich die Kombination aus traditionellen und alternativen liturgischen und rituellen Ansätzen."

„Das Studium bei ALEPH ermöglichte mir, berufsbegleitend in meiner Muttersprache zu studieren und meiner Familiensituation in Deutschland und den USA gerecht zu werden. Parallel zu meinem Rabbinatsstudium fing ich im Herbst 2011 ein Masterstudium in Jewish Education am Hebrew College an." Diane Lakeins langer Weg ins Rabbinat sollte am Ende ein gutes Jahrzehnt dauern, unter anderem, weil in dieser Zeit ihre zweite Tochter geboren wurde. „Das Rabbinatsstudium bei ALEPH ist anders als an einer Hochschule oder Universität. Man bleibt in der Gemeinde und zieht sich nicht für fünf Jahre an einen anderen Ort zurück. Die Ausbildung ist lebensnah – niemals verliert man den Bezug zur Praxis und zu den Menschen." Diane Lakein war jahrelang bei der Gemeinde „Gescher LaMassoret" in Köln aktiv, zuerst als Gemeinde- und Vorstandsmitglied und zum Schluss auch als Pädagogin und Rabbinatsstudentin. Dort leitete sie während ihres Studiums Gottesdienste, unter anderem für Familien. Sie erzählt: „Ich bin ursprünglich wegen meiner ältesten Tochter nach Köln gegangen, weil ich ihr eine kindgerechte jüdische Erfahrung in Deutschland ermöglichen wollte."

Ihre Smicha, also ihre Ordination zur Rabbinerin, empfing sie zusammen mit vier anderen Frauen am 15. Januar 2017 in Broomfield, Colorado. Zu ihren Mentorinnen gehörte unter anderem Rabbinerin Prof. Dr. Elisa Klapheck, die einst selbst am ALEPH-Rabbinerseminar teilnahm. Die beiden kannten sich seit über zwei Jahrzehnten aus Berlin. In der deutschen Hauptstadt feierten sie Mitte der Neunziger auch mit der heutigen Rabbinerin Gesa Ederberg das Pessachfest. „Zu der Zeit war es überhaupt nicht klar, dass aus uns allen drei einmal Rabbinerinnen werden würden."

In einer Schule wurde sie kürzlich von einem Jungen gefragt, ob es ihr immer Spaß mache, Rabbinerin zu sein und ob sie diese Entscheidung jemals bereut hätte. Sie antwortete ehrlich: „Es macht mir nicht immer Spaß, doch grundsätzlich bereue ich die Entscheidung, Rabbinerin zu werden, nicht. Es ist aber nicht immer einfach, als Frau in Deutschland diese Rolle innezuhaben." Warum sie das dann weitermache? Ihre Antwort ist schlicht, aber einleuchtend: „Ich mache das, um über Gott zu reden. Mein drittes Studium war mein letztes, Rabbinerin bleibe ich."

Teilzeit-Rabbinerin in zwei Städten und zwei Ländern

Bis Ende 2019 leitete Rabbinerin Diane Tiferet Lakein zwei Gemeinden in zwei Ländern: die egalitäre jüdische Gemeinde „Chawurah Gescher" in Freiburg (die einzige liberale jüdische Gemeinde in Baden), sowie die liberale Gemeinde „Migwan" im schweizerischen Basel.

In Basel gibt es einen festen Ort, wo das Gemeindeleben und die Gottesdienste stattfinden. „In Freiburg waren wir vor 2020 leider noch heimatlos und benutzten Räume des ökumenischen Zentrums ‚Oase'. Wenn wir dort Gottesdienste feierten, nahmen wir das kleine Kreuz ab und stellten stattdessen unseren Toraschrank auf." Da sie nicht permanent vor Ort war, liefen viele Religionsgespräche oder seelsorgerische Anliegen über das Internet oder per Telefon.

Nebenher war Rabbinerin Lakein in der Erwachsenenbildung wie der Aus- und Weiterbildung für Religionslehrer*innen tätig. Verschiedene Träger, wie die Evangelische Erwachsenenbildung und die Gesellschaft für Christlich-Jüdische Zusammenarbeit, fragten sie gern als Referentin an. In Freiburg konnte sie ihre Zeit mit Seminaren an der Uni verbinden, wo sie unter anderem den Studierenden das liberale Judentum nahebrachte. „Allein von meiner Arbeit als Rabbinerin in Freiburg und Basel konnte ich nicht leben. Beide Gemeinden waren mit mir sehr glücklich und wollten mir gern eine volle Stelle anbieten, aber sie hatten nicht die ausreichenden Finanzen dafür. Die Einheitsgemeinden, die dem Zentralrat der Juden in Deutschland unterstellt sind, bekommen mehr Geld und haben mehr Möglichkeiten. Die kleinen, liberalen Gemeinden hingegen werden oft finanziell vernachlässigt."

Rabbinerin Lakein ist auch im interreligiösen Dialog mit Christen und Muslimen aktiv. So hat sie schon mehrmals mit einer Imamin zusammen auf dem Podium gesessen und sich mit ihr vor Publikum ausgetauscht. „Echter Dialog ist spannend, aber schwierig, weil viele dieser Gespräche nach dem Motto ‚Was betet ihr? Wie oft?' recht oberflächlich ablaufen." So verbleiben für Rabbinerin Lakein am Ende des Tages die Fragen: „Wieviel Mut zum wirklichen Dialog haben wir? Trauen wir uns, uns selbst in Frage zu stellen? Und welche Grenzen gibt es dabei?" Grundsätzlich sieht sie die drei abrahamitischen Religionen „oft auf einer Insel". Gleichzeitig ist ihr wichtig, dass auch Hinduismus und Buddhismus „gleichberechtigt neben unseren monotheistischen Religionen stehen".

„Pluralität im Judentum tut allen gut"

Auch um den innerjüdischen Dialog bemüht sich Rabbinerin Lakein sehr. In ihrer eigenen Familie gibt es viele Ausrichtungen des Judentums. „Ich komme aus einer Familie, in der so gut wie alle jüdischen Strömungen vertreten sind. Das ist vielleicht etwas ungewöhnlich. Dennoch kommen alle gut miteinander aus, weil der Respekt füreinander da ist, und jeder dem anderen Freiraum für sein eigenes Leben und die religiöse Ausrichtung gibt."

„Mein Vater wuchs traditionell auf, hatte allerdings nach seiner Bar Mitzwa mit dem Judentum quasi nichts mehr am Hut." Anders verhielt es sich bei den beiden Brüdern ihres Vaters. Ein Onkel lebte orthodox, der andere neigte sich dem Chabad, also dem Ultraorthodoxen, zu. Durch den Kontakt zu Cousins und

Cousinen hat Rabbinerin Lakein keine Berührungsängste damit und kennt die orthodoxe jüdische Welt sehr gut. Zwei ihrer Vettern leben heute modern orthodox, sind aber ihr gegenüber sehr offen. Einer von ihnen kam sogar zu ihrer Amtseinführung als Rabbinerin. Andere Cousins und Cousinen sind weiterhin bei Chabad aktiv. Eine von ihnen leitet mit ihrem Mann zusammen ein Chabad-Haus. Diane Lakeins Mutter ist Mitglied in mehreren Gemeinden, von Reform bis Masorti und Jewish Renewal, ihre Geschwister sind jedoch weniger religiös. Diese vielen Richtungen und Strömungen des Judentums in ihrer eigenen Familie ließen Rabbinerin Lakein zu der Einsicht kommen: „Pluralität im Judentum tut allen gut."

Sie selbst ist in den USA derzeit Mitglied von zwei Jewish-Renewal-Gemeinden, einer Reform-Gemeinde und einer Masorti-Gemeinde. Immer mal wieder ist sie aber auch zu Gast in orthodoxen Synagogen. Sie blickt mit Interesse auf neue Tendenzen wie die „open orthodoxy". Hier werden Frauen stärker im Gemeindeleben in Führungspositionen eingebunden und erhalten sogar die Möglichkeit zu einer Ordination. So kommt Rabbinerin Lakein auf „Yeshiwat Maharat", eine spezielle Hochschule in New York für das Tora- und Talmudstudium, zu sprechen. Frauen werden dort gut im Talmud ausgebildet. Gottesdienste dürfen sie jedoch nur für Kinder und Frauen, nicht aber für Männer leiten. Das geht auf die talmudische Frage zurück, ob jemand, der nicht in der Pflicht ist, etwas für die Gemeinde zu tun, dieses aus religionsrechtlicher Sicht überhaupt für diejenigen tun darf, die dazu verpflichtet sind. Männer sind verpflichtet, dreimal am Tag zu beten, Frauen jedoch nicht, da sie nach der traditionellen Auslegung von zeitgebundenen *Mitzwot* befreit sind, um sich um die Kinder und den Haushalt zu kümmern. Deshalb dürfen Frauen nach Ansicht der Orthodoxie keine Gottesdienste für Männer leiten. Diese Ansicht lockert sich in der Orthodoxie nur langsam, wenn überhaupt, und erinnert Diane Lakein an ihre eigene Kindheitserfahrung der liturgischen Ausgrenzung sowie ihre Versuche, gegen diese Auffassung zu kämpfen. So weiß sie auch, warum die Orthodoxie für sie nicht passend ist. Sie ist aber grundsätzlich der Ansicht, dass diese Entscheidung jeder oder jedem selbst überlassen bleibt, und plädiert für jüdische Vielfalt.

Ihr Wunsch: „Die Welt zu verbessern"

Aus jüdischer religiöser Lehre stammt Diane Lakeins Kindheitswunsch, die Welt zu verbessern. „Auf Hebräisch sprechen wir von ‚Tikkun Olam', der Heilung der Welt. Das Judentum lehrt, dass alle Menschen in Gottes Ebenbild erschaffen sind (B'tzelem Elohim), und dass unsere Seelen ‚rein' sind. Die Tora ruft uns weiter dazu auf, nach Heiligkeit (Keduscha) zu streben, da Gott heilig (Kadosch) ist. Eine Freundin von mir erinnert mich gerne daran, dass ich menschlich bleibe und noch keinen Heiligenschein habe. Das ist aber auch gar nicht das Ziel! Die mystische Tradition fügt der Lehre der Tora hinzu, dass jeder Mensch einen Gottesfunken trägt, und dass es unsere Verantwortung ist, das Beste in uns selbst und in den Menschen um uns herum hervorzubringen. Ich glaube fest daran, dass es meine Aufgabe ist, meinen Gottesfunken während dieses Lebens mit der Welt zu teilen, um einen positiven Einfluss auf meine Umwelt zu haben."

„Je älter ich wurde, desto mehr merkte ich, wie unrealistisch bzw. wie schwierig die Verwirklichung meines Wunsches, die Welt zu verbessern, jedoch ist." In den politisch linken Kreisen, in denen sie während ihrer Berliner Zeiten verkehrte, wurde ihr klar, dass sie weniger *gegen* etwas als *für* etwas sein wollte. „Ich bin der Meinung, dass wir das Beste aus uns und anderen hervorbringen können, wenn wir unsere Stärken und Sehnsüchte erkennen und ausbauen, anstatt uns vor allem auf unsere Fehler und Schwächen zu konzentrieren."

„Das Ziel meiner spirituellen Praxis ist es, mein Leben so gut es geht im Einklang mit meinen inneren Werten zu leben. So habe ich im Alter von 38 Jahren den Namen ‚Tiferet' angenommen. ‚Tiferet' kann als Leidenschaft, Schönheit, Wahrheit, Gleichgewicht und als ‚schwangeres Herz' verstanden werden. Seit ich diesen Namen zu meinem Vornamen hinzugefügt habe, ist mein Entschluss gewachsen, meine Werte bewusster zu manifestieren. Mein neuer Name gab mir auch den Mut, Rabbinerin zu werden. Und jetzt, wo ich Rabbinerin bin, stärken die Qualitäten von ‚Tiferet' meinen Entschluss, meine Stimme auch dort zu erheben, wo ich eher unsicher bin und mich nicht so wohl fühle."

Trotz ihres starken Wunsches, sich für positive Veränderungen in der Welt einzusetzen, liegt es der introvertierten Rabbinerin bis heute nicht, im Vordergrund zu stehen. „Ich bin ein Mensch, der nur ungern öffentlich vor Publikum redet." So war es für sie „ein Kraftakt", als sie in die Vorbereitungen und Umsetzungen der Erinnerungs- und Gedenkveranstaltungen um die Pogromnacht des 9. Novembers in Freiburg eingebunden wurde.

„Hier in Freiburg habe ich in der liberalen jüdischen Gemeinde viel Aufbauarbeit geleistet. Viele Jahre lang hatten liberale Juden keine Möglichkeit, bei den öffentlichen Veranstaltungen zum 9. November teilzunehmen." 2014 durfte die Rabbinerin zum ersten Mal einen kleinen Beitrag mit einem Psalm leisten, aber kein Gebet sprechen. Im Jahre 2015 hielt eine evangelische Pfarrerin eine Rede und sprach anschließend ein Gebet für die ermordeten Juden. Das durfte die Rabbinerin – als jüdische Frau – zu der Zeit nicht. Daraufhin schrieb Rabbinerin Lakein einen langen Brief an die Gesellschaft für Christliche-Jüdische Zusammenarbeit und fragte: „Warum ist es okay, dass eine evangelische Pfarrerin ein Gebet für die toten Juden spricht, aber ich darf es nicht?" Und tatsächlich: Im nächsten Jahr sprach Rabbinerin Lakein das Kaddisch zum Totengedenken. Das war das erste Mal, dass eine Rabbinerin öffentlich in Freiburg das Kaddisch vortrug.

Das erste Mal, als Rabbinerin Lakein 2014 zum 9. November öffentlich sprach, suchte sie lange nach Worten, die dem nationalsozialistischen Terror von damals gerecht werden, gleichzeitig aber zu einer spirituellen optimistischen Haltung gegenüber der

Gegenwart und der Zukunft beitragen würden. So sagte sie damals: „Ich weiß nicht, wie es Ihnen geht, ich aber stehe hier, am Rande des Verzweifelns und doch bereit, mich daran zu erinnern, was Juden wie mir passiert ist – in dieser Stadt, in diesem Viertel, hier an diesem Platz. Ich stehe hier, gewillt, mit Ihnen gemeinsam in der Welt zu sein, gemeinsam weiter zu laufen, mal mit weniger, mal mit mehr Angst. Gott vor Augen, mit dem Gebet im Herzen: ‚Todi'eini orech chaim'. ‚Lehre mich den Weg des Lebens' (Psalm 16,11)."

2018 schrieb Rabbinerin Lakein erneut von dem Spagat zwischen Hoffnung und Verzweiflung. Sie zitiert Psalm 34,15: „Wende dich ab vom Bösen und tue Gutes, suche und strebe immer nach Frieden.' ‚Rodef shalom', nach Frieden zu streben, wie Psalm 34 sagt, ist eine Mitzwa [ein Gebot, Anm. d. Hg.]. Gott verlangt von jeder und jedem von uns, dass wir Frieden stiften. Was aber bedeutet dies in einer Welt so voller Konflikt und Hass wie in diesem Moment? Was bedeutet dies insbesondere an *diesem* Tag, dem 80. Gedenktag der Zerstörung der Synagoge, in welcher Juden mit ihrem ganzen Herzen und mit ihrer ganzen Seele für Frieden gebetet haben? An diesem Tag, ein paar Tage, nachdem ein Mann, der vorher Hasskommentare gegen Immigranten und Juden veröffentlicht hat und 20 Waffen besaß, in Pittsburgh am Schabbatmorgen des 27. Oktobers in eine Synagoge eingedrungen ist und elf Juden ermordet hat, alle von ihnen tief im Gebet versunken?"

Rabbinerin Lakein hält aber fest an ihrem Wunsch, spirituellen Optimismus durch ihr Rabbinat zu verkörpern – trotz fortdauerndem Antisemitismus und Rassismus. Sie sucht – und findet – Inspiration bei den Psalmen und in der Tora und führt dazu aus:

„Ich möchte heute Abend mit Ihnen über Isaak, Abrahams zweiten und Sarahs einzigen Sohn und meiner Meinung nach einen der vergessenen und verkannten Helden der Tora, sprechen. Viele Kommentatoren sind der Meinung, dass es in Isaaks Leben wenig Eigenständigkeit gibt. Sogar die Tora sagt, dass Isaak Brunnen gräbt, die schon sein Vater vor ihm gegraben hat, und ihnen dieselben Namen gibt. Was *ich* aber sehe, ist ein Mann, der entgegen aller Erwartungen nicht aufgibt. Ein Mann, der in den vorangegangenen Kapiteln der Tora von seinem Vater beinahe ermordet wurde, und der sich trotz dieses schweren Traumas wieder getraut hat, eine Beziehung einzugehen, sich in seine Frau Riwka verliebt und Trost gefunden hat. Ein Mann, der einst miterlebt hat, wie sein älterer Halbbruder mit seiner Mutter Hagar von Abraham und Sarah in die Wüste geschickt wurde, um dort zu sterben – und der dennoch, mit Gottes Hilfe, überlebt hat. Isaak trifft seinen Bruder am Grabe Abrahams wieder, und trotz dieser schrecklichen Vergangenheit versöhnen sie sich miteinander.

Isaak gibt nicht auf. In seiner ruhigen, sanften Art wendet er sich immer wieder vom Bösen ab und strebt nach Frieden und Versöhnung.

Was können *wir* von Isaak lernen?

Wasser wird in der jüdischen Tradition oft metaphorisch verstanden. In der Wüste ist Wasser natürlich lebensnotwendig. Aber einen Brunnen zu graben, das kann auch als Metapher für eine kontinuierliche spirituelle Praxis verstanden werden, für die Suche nach einer dauerhaften Verbindung mit der Quelle des Lebens, mit Gott.

Ich persönlich glaube fest daran, dass wir, um dauerhafte positive Veränderungen in der Welt erreichen zu können, erst lernen müssen, tief zu graben und eine tragfähige Verbindung zu unseren Seelen wiederherzustellen, egal welche Traumata wir in der Vergangenheit erlebt haben. Es ist absolut notwendig dranzubleiben, unsere Sehnsüchte und Hoffnungen auszugraben, die in der Vergangenheit zu oft von denjenigen, die uns Böses gewünscht oder angetan haben, zugeschüttet wurden, sowie damals die Brunnen Abrahams durch die Philister zugeschüttet wurden – so dass Isaak sie erneut ausgraben musste.

Sich vom Bösen abzuwenden bedeutet nicht, zu leugnen, dass es Menschen auf der Welt gibt, die furchtbare Verbrechen gegen Menschen mit anderer Herkunft, anderem Glauben, oder anderen politischen Meinungen begehen; die angegriffene Synagoge in Pittsburgh zum Beispiel unterstützt Immigranten und Flüchtlinge. Die einzige Art aber, in der ich solcher Bösartigkeit begegnen kann, ist, nicht Hass und Angst in meinem Herzen wachsen zu lassen, sondern meine Anstrengungen, Gutes zu tun, zu verdoppeln und unbeirrbar weiter nach innerem und äußerem Frieden zu streben."

„In Beziehung mit Gott bleiben"

„Ich spreche gern über Gott, denn Seinetwegen bin ich Rabbinerin geworden. Ich wusste schon als Kind, dass es eine Schöpfer-Gottheit gibt. Ich bewunderte immer die vielen, bunten, großen und kleinen Fische im Zoo-Aquarium. Das war für mich ein Beweis für die Schöpferkraft Gottes. Dass man aber auf Augenhöhe mit Gott ein Gespräch führen und ein direktes Verhältnis mit Gott aufbauen kann, das hat mir damals niemand gesagt."

Mittlerweile pflegt Rabbinerin Lakein das Zwiegespräch mit Gott. Sie betet. Sie ruft zu Gott. Sie schreibt an Gott. Sie meditiert. Sie geht mit Gott spazieren und versucht immer wieder zuzuhören, was Gott als nächstes von ihr will und wie sie immer wieder neu gerufen wird. „Unter einigen Juden ist Gott ein totales Tabuthema", stellt sie nüchtern klar. „Wir haben viele Atheisten in unseren Gemeinden. Nur weil man ein Mitglied in einer jüdischen Gemeinde ist, heißt das noch lange nicht, dass man an Gott glaubt und mit Gott etwas zu tun haben möchte. Im Judentum gibt es auch keinen Zwang, an Gott zu glauben."

Rabbinerin Diane Lakein spricht gern und oft über ihren Weg zu Gott. Ihre englische Kurzformel lautet: „I'm proud to be God's cheerleader." Das ist prägnant, sehr amerikanisch und äußerst klar in der Botschaft, mag aber für deutsche Ohren befremdlich klingen. Es gibt jedoch klare Rückschlüsse darauf, was ihre Rolle als Rabbinerin für sie beinhaltet: Menschen motivieren, sie anfeuern und begeistern für eine höhere Idee, aber nicht auf eine dogmatische Weise, sondern weltoffen, tolerant und etwas spielerisch. So ist es auch wenig erstaunlich, dass sie festhält, jeder Mensch habe unterschiedliche religiöse Wege zu Gott. Mit Verwunderung vernimmt man aus dem Munde einer Rabbinerin den Folgesatz: „Man muss nicht religiös sein, um mit Gott in Kontakt zu treten und sich für eine bessere Welt einzusetzen."

Auch stellt sie klar: „Ich missioniere überhaupt nicht und ich habe nicht das Bedürfnis, dass irgendjemand an irgendetwas glaubt. Mir ist es wichtig, dass Menschen sich für Dinge öffnen, die sie nicht kennen oder verstehen. Wir Menschen können nicht klar sagen, wie oder wer Gott ist. Gott ist unvorstellbar. Das ist ein Mysterium, und das wird es auch bleiben – weil wir nur Menschen sind, können wir Gott nicht verstehen." In diesem Kontext zitiert Rabbinerin Lakein den Anfang jeder Bracha, also jedes jüdischen Segensspruchs: „Baruch ata Yah (oder Adonaj) – Gelobt seist Du, Gott ... Schon mit dem ,Du' sagen wir, es gibt ein göttliches Gegenüber, mit dem man ins Gespräch kommen kann." Manchmal klappt es, manchmal nicht, gibt sie aber auch ehrlich zu.

Wichtig ist ihrer Meinung nach „in Beziehung mit Gott zu bleiben. Das heißt nicht unbedingt, in jedem Moment an Gott zu glauben. Wie gläubig ist jemand, der an die Existenz von Gott glaubt, Gott aber nicht in ihre oder seine Entscheidungen einbezieht, wirklich?", fragt Rabbinerin Lakein. Für sie sei der Glaube der „rote Faden, an dem ich mich festhalte, wenn ich vor einem Abgrund stehe. Es gibt Zeiten, wo ich Gott nicht abstrakt, sondern real erleben kann. Und dann gibt es andere Zeiten, wo ich – wenn ich ehrlich bin – zweifele, ob es Gott überhaupt gibt. Da bleibe ich aber stur in meiner Überzeugung."

Besonders bei ihrer Flugangst ist ihr der Glaube an Gott eine große Stütze. Wie ein Mantra betet sie beim Fliegen: „Ich glaube an Gott. Ich glaube an Gott. Ich glaube an Gott ..." Manchmal hilft es, aber nicht immer, gesteht sie. Einen Davidstern trägt sie nicht um den Hals, dafür hat sie immer besondere Steine und Kristalle in der Tasche, die sie mit ihren Energien schützen und ihr in bestimmten Situationen helfen. Auch wenn sie an das Gute im Menschen glaubt, „kämpfe ich immer mal wieder mit Verzweiflung, denn die Welt ist nicht so, wie ich sie gerne hätte."

Familien- und Privatleben: Konsequent liberal, konsequent gläubig

Rabbinerin Lakeins Leben zwischen vielen Orten und Ländern, darunter Bonn, Köln, Freiburg, Basel, Boulder; Deutschland, die Schweiz, die USA, war und ist eine logistische Herausforderung. Nachdem sie sich von ihrem Mann getrennt hatte, half unter anderem ihre Mutter aus den USA bei der Kinderbetreuung. Außerdem lagen die Wohnungen der beiden Elternteile nah beieinander, und so arrangierten sie sich bei der Betreuung ihrer gemeinsamen Töchter.

Rabbinerin Lakeins derzeitiger Lebensmittelpunkt liegt in Colorado an den Ausläufern der Rocky Mountains in der 130.000-Einwohner-Stadt Boulder. „Ich bin wegen der Liebe nach Boulder gezogen, nicht wegen der Arbeit", obwohl sie auch in ihrer neuen Heimat freiberuflich als Rabbinerin tätig ist. Ihre jetzige Ehefrau, mit der sie in Boulder lebt und die dort Haus und Arbeit hat, lernte Rabbinerin Lakein während der Präsenzwochen ihres Rabbinatsstudiums in den USA kennen. „Meine Frau – die eine Ordination als ‚Rabbinic Pastor' hat, d. h. sich insbesondere auf die jüdische Seelsorge und ethische Fragen spezialisiert hat – war ein Jahr in der Krankenhausseelsorge aktiv und deckt ein anderes Gebiet ab als ich. Die Idee zur Ausbildung des ‚Rabbinic Pastors' stammt vom Begründer der Jewish-Renewal-Bewegung Rabbi Zalman Schachter-Shalomi (1924–2014). Es gibt Rabbiner*innen, die viel Zeit mit dem Talmudstudium verbringen und sich später intensiv der Auslegung unserer Religionsgesetze widmen. Andere entwickeln sich mehr pastoral. Jede und jeder hat seine Stärken und Schwächen. Ich bin mit meinem ‚Master in Jewish Education' stärker pädagogisch orientiert."

Die Beziehung zu ihrer Frau entwickelte sich über viele Jahre. „Es war anfangs eine Fernbeziehung, und wir sind jahrelang über den Atlantik hin- und hergeflogen. Als ich damals mit meiner Mutter und meinem Stiefvater von den USA nach Schweden ging, habe ich meinen leiblichen Vater in den Jahren danach nur zwei Mal in sechs Jahren gesehen. Diese Erfahrung wollte ich meinen Kindern ersparen. Auch deshalb bin ich lange zwischen den Kontinenten gependelt. 2016 haben wir unsere Chuppa, unsere jüdische Hochzeit, gefeiert, und ich bin am nächsten Tag nach Deutschland zurückgeflogen – also keine Flitterwochen. Wir mussten zurück, da die Schule meiner Kinder anfing." Weil gleichgeschlechtliche Ehen mittlerweile in den USA und in Deutschland anerkannt sind, sind die beiden inzwischen auch standesamtlich verheiratet. „Doch ich bin weiterhin mit meinem ehemaligen Mann befreundet, und um die Kinder sorgen wir uns sehr partnerschaftlich."

„Ihre unnachahmliche, ruhige, beständige Art – ohne groß aufzutrumpfen. Damit hat sie sich Respekt verschafft"

„Ich bin der Begründer der ‚Chawurah Gescher', bin mittlerweile wieder im Vorstand, und schauen wir mal, was da noch kommt", sagte Richard Ernst anlässlich der Verabschiedung von Rabbinerin Diane Tiferet Lakein Ende Dezember 2019 in Freiburg. Er war 1998 der Initiator bei der Gründung der Freiburger liberalen jüdischen Gemeinde. „Damals waren Rabbinerinnen vor allem in Deutschland noch sehr exotisch. In anderen Ländern – vor allem im angelsächsischen Raum – war das anders", kommentiert Ernst. Er kann sich noch genau an die Worte der Gegner einer Rabbinerin in der jüdischen Gemeinde erinnern: „Das haben wir noch nie gehabt. Soweit kommt es noch. Eher ist eine Orange auf dem Sederteller als eine Rabbinerin auf der Bima[1]. Solche Dinge waren da zu hören – vom Zentralrat der Juden bis runter in die örtlichen Gemeinden. Dann gab es da so einige Ecken, wie gallische Dörfer bei Asterix und Obelix, wo so eine gewisse Rebellion aufkam. Es bildeten sich egalitäre liberale Gemeinden, und da kamen dann plötzlich Frauengestalten als Rabbinerinnen", erzählt Ernst. Viele hätten sich – sogar in traditionellen Gemeinden – daran gewöhnt, dass Frauen im Vorstand von jüdischen Gemeinden sind. „Wir hatten es hier beim Thema Rabbinerinnen zuerst mit Frau Rabbiner Bea Wyler zu tun, und sie war schon inspirierend." Später kam dann die eine oder andere Rabbinerin als Gast zu uns und viele schauten, wie kommt sie rüber? Spricht mich das an?"

Cornelia Haberlandt-Krüger, heute die Vorsitzende der Egalitären Jüdischen Gemeinde in Freiburg, betont: „Unsere Rabbinerin kam noch während ihres Rabbinatsstudiums zu uns. Das war ein Glücksfall für die Gemeinde. Rabbinerin Lakein hat es auf wundersame Weise geschafft, alle unter einen Hut zu bringen. Mit ihrer Spiritualität hat sie zu jedem Menschen verschiedensten Charakters in der Gemeinde Zugang gefunden und hat es geschafft, die ganze Gemeinde in diesen letzten sieben Jahren sehr weit voranzubringen."

Ganz in diese Richtung argumentiert auch Ernst, der neben seinem Beruf als Gärtner der Bildenden Kunst sehr zugetan ist. Für seine Freiburger Gemeinde hat er zum Beispiel sehr gekonnt den Toraschrank künstlerisch gestaltet. Wenn er auf Rabbinerin Diane Tiferet Lakein zu sprechen kommt, zeichnet er sprachlich schöne Bilder für die Harmonie zwischen der liberalen Gemeinde und ihrer Rabbinerin. Auch er unterstreicht das „Spirituelle" bei Rabbinerin Lakein und erklärt: „Sie war wie das passende Deckelchen zum Töpfchen."

Seine Vorstandskollegin Sylvia Schliebe meint: „Ich habe in den letzten Monaten mehrfach über Rabbinerin Regina Jonas Vorträge gehalten und an ihr, wie auch an allen nachfolgenden Rabbinerinnen, wird deutlich: es macht einen Unterschied, wenn eine Frau die Tora interpretiert und lehrt."

Ein Problem für die liberalen Gemeinden bei der Anstellung von Rabbinerinnen und Rabbinern ist das fehlende Geld, wie Cornelia Haberlandt-Krüger klarstellt: „Es wäre schön, wenn auch die Liberalen oder Masorti-Gemeinden Rabbiner*innen-Stellen bekämen und Finanzen dafür bereitgestellt würden, was leider zur Zeit noch nicht der Fall ist." In Baden-Württemberg werden die öffentlichen Finanzen aus dem Staatsvertrag „eifersüchtig bewacht und in die Einheitsgemeinden gegeben." Die Pädagogin und Sozialarbeiterin Sylvia Schliebe ergänzt: „Vor der Schoa hatten wir in Deutschland andere Mehrheitsverhältnisse. Da war das Liberale der Mainstream und das Orthodoxe hatte trotzdem seinen Platz. Wenn man es jetzt ein bisschen gleicher und gerechter gestalten würde, wäre es nicht verkehrt."

Alle loben beim Abschied von Rabbinerin Diane Tiferet Lakein „ihre unnachahmlich ruhige, beständige Art – ohne groß aufzutrumpfen. Damit hat sie sich Respekt verschafft." Haberlandt-Krüger erinnert an den historischen Moment, als zum ersten Mal mit Rabbinerin Lakein am 9. November in Freiburg eine jüdische Frau das Kaddisch gesprochen hat. Das war damals ein Durchbruch – und heute ist es völlig normal. „Auch die Verantwortlichen in der Stadt sind traurig, dass unsere Rabbinerin geht, weil sie immer eine angenehme Gesprächspartnerin gewesen ist. Da kann niemand so leicht in ihre Fußstapfen treten. Wir betrachten das nicht als einen dauerhaften Abschied, sondern hoffen und tun alles dafür, um unsere Rabbinerin eines Tages zu uns zurückzuholen."

---

1   „Eine Frau auf der Bima (Kanzel) ist wie eine Orange auf einem Sederteller": Der Satz ist hier pejorativ gemeint als Ausdruck für eine unerwünschte und unerhörte Neuerung, die einen Bruch mit überlieferten jüdischen Traditionen darstellt.

Rabbinerin
Esther Jonas-Märtin

„Jemand, dessen Herz und Seele so für das jüdische Volk brennt, muss einfach ins Rabbinat."

Als 1996 ein ehemaliger Leipziger Jude, Hermann Berlinski, z"l[1], der in die USA emigriert war, sie fragte, ob sie schon einmal darüber nachgedacht hatte, Rabbinerin zu werden, beantwortete sie das mit einem klaren „Nein." Zum einen hätte sie sich damals nicht als religiös bezeichnet, zum anderen kannte sie keinen Rabbiner und schon gar keine Rabbinerin. Beides sollte sich ändern – als Frau Rabbiner Bea Wyler 1998 im Leipziger Gewandhaus sprach – war das der erste Moment für sie, in dem sie dachte, dass es vielleicht doch möglich wäre. Den Namen Regina Jonas hörte sie erst 1999 im Zusammenhang mit der ersten Bet-Debora-Konferenz in Berlin, wodurch sie mit dem egalitären Minjan der Oranienburger Straße ihre Gemeinde fand. Schließlich wurde das Buch „Fräulein Rabbiner Jonas. Kann die Frau das rabbinische Amt bekleiden?", herausgegeben von Elisa Klapheck (heute Rabbinerin Prof. Dr.), zum Wegbegleiter für ihr späteres Studium der Jüdischen Studien in Potsdam. Sowohl die Biographie der Rabbinerin Regina Jonas als auch deren halachische Arbeit waren sicherlich richtungsweisend für ihre Entscheidung, selbst Rabbinerin zu werden.

Zwischen der ersten Begegnung mit der Idee, Rabbinerin zu werden, und ihrer Ordination liegen 21 Jahre. Zum Zeitpunkt ihrer Ordination war sie 42 Jahre alt – genauso alt war Rabbinerin Regina Jonas, als sie ermordet und damit ihr Wirken als Rabbinerin, als gewandte Predigerin, als warmherzige Seelsorgerin und engagierte Lehrerin beendet wurde.

Wäre jüdisches Leben und gerade auch das Wirken dieser weltweit ersten Rabbinerin nicht durch die Schoa unterbrochen worden, so könnte man von Nachfolgeschaft sprechen, aber so war vieles in Vergessenheit geraten; das jüdische Konzept „l'dor v'dor" (von Generation zu Generation) wurde zerstört, reformjüdische Entwicklungen waren vernichtet, deren Träger*innen ermordet, oder sie entwickelten ihr Judentum als Emigranten und Überlebende im Ausland weiter. In Deutschland wuchsen nach 1945 jüdische Gemeinden, deren Mitglieder Überlebende und Remigranten waren, Menschen, die oft nicht aus Deutschland stammten, und so wurden Gemeinden gegründet, die auf orthodoxen, nicht-egalitären Standards aufgebaut wurden. Es gilt in Deutschland nach wie vor auch unterbrochene und abgebrochene Traditionsstränge neu zu knüpfen und neu zu definieren. Heutige Rabbinerinnen stehen mit der Smicha (Ordination) selbstverständlich auf den Schultern aller Rabbiner*innen und ganz sicher auch auf dem Erbe von Rabbinerin Regina Jonas, aber so wie Rabbinerin Jonas-Märtin ihren ganz eigenen Weg gesucht hat und weiter finden wird, so haben alle Rabbinerinnen ihre eigenen Visionen und Ziele.

Jüdische Herkunft

In der DDR gab es die Bezeichnung „Menschen mit jüdischer Herkunft". Das hatte allerdings nichts mit jüdisch-religiöser Identität zu tun, sondern war eher eine Zustandsbeschreibung.

In der Absicht, „normal" zu sein, wurde von Großeltern und Eltern alles getan, dass eben alles normal erschien; so war kein Familienmitglied Mitglied der Jüdischen Gemeinde; stattdessen bestanden Mitgliedschaften in der Pionierorganisation und auch

SED-Zugehörigkeit. Dass es da so vieles gab, was eben nicht „normal" war, wurde erst später bewusst: zum Beispiel die winzig kleine Familie, die Tatsache, dass es einmal im Jahr Mazzot gab und die Ritualgegenstände im Schrank der Großmutter.

Beide Großväter starben, bevor Esther Jonas-Märtin Fragen stellen konnte. Mütterlicherseits überlebte der Großvater die Schoa und den Krieg mit falschen Papieren in der Wehrmacht in Afrika. Der Vater ihres Vaters, Horst Jonas z"l, hingegen war Kommunist und Jude. Er kam bereits 1935 wegen seiner kommunistischen Betätigungen ins Gefängnis. Beide Großelternteile (väterlicherseits) waren auch im Vernichtungslager Auschwitz, sie hatten sich tatsächlich in Auschwitz kennengelernt. Irgendwie schafften sie es zu überleben und Kinder in die Welt zu setzen. Ihre Großeltern wollten nach ihrer Rückkehr aus den Konzentrationslagern dabei helfen, in der DDR eine neue, antifaschistische Gesellschaft aufzubauen – der Sozialismus ersetzte wie bei vielen anderen Überlebenden die Religion, mit der man aufgewachsen war.

In der DDR redete kaum jemand über seine jüdische Vergangenheit. Jüdische Menschen waren als Opfer zweiter Klasse eingestuft und erhielten folgerichtig kaum Anerkennung, geschweige denn eine angemessene Unterstützung; die Rückübertragung arisierten jüdischen Eigentums war in der DDR ebenfalls nicht vorgesehen. Nach den Slansky-Prozessen [antisemitisch/antizionistisch geprägte Schauprozesse 1952 in Prag] gab es in den 1950er Jahren im gesamten Ostblock und so auch in der DDR eine antisemitische Welle, die auch ihren Großvater betraf und in deren Folge er seiner Ämter und Würden beraubt wurde. Sogar ein Parteiverfahren wurde ihm angehängt, weil er versucht hatte, dem antisemitischen Mob zu entkommen, anstatt, wie die Partei es erwartet hatte, die Stellung zu halten. Im Schnitt alle zwei Jahre wechselte er fortan seinen Job; lebte in Erfurt, Schwerin und Neubrandenburg, wo er sogar Bürgermeister war. Kennengelernt hat Esther Jonas-Märtin ihren Großvater nicht, weil er recht früh verstarb. Aber seine Frau, Katja Jonas z"l, ihre Großmutter, lernte Esther Jonas-Märtin kennen. Katja Jonas hatte eine tätowierte Nummer auf dem Arm. Als kleines Mädchen von etwa sieben Jahren fragte sie ihre Großmutter einmal, was das denn für Zahlen auf ihrem Arm seien. Diese Frage blieb unbeantwortet und führte wegen der heftigen Abwehrreaktion zu einer Entfremdung zwischen Enkelin und Großmutter.

Mit 15 Jahren fand Esther Jonas-Märtin ein Fotoalbum ihres Großvaters mütterlicherseits. Darin gab es einen Stammbaum, der bis ins 16. Jahrhundert zurückreichte. In diesem Stammbaum, der mit ihrem Namen und dem Namen ihrer Schwester endete, gab es zum Beispiel einige Rabbiner in kleinen polnischen Orten, aber auch, nicht untypisch im 18. und 19. Jahrhundert, Konversionen zum Protestantismus. Und hinter vielen Namen stand „verschollen", „erschossen" oder „vergast". Nach dieser langen Namensliste wusste sie, dieser Teil der Geschichte gehört zu ihr. Als das alles nun schwarz auf weiß sichtbar war, fing sie an, Fragen zu stellen. Das alles war für sie ein Schlüsselerlebnis und rückblickend der Beginn ihres Jüdischseins.

Im Frühsommer 1989 ging sie mit diesem neuen Bewusstsein, vielen Fragen und dem Familienalbum in die Schule. Weil sie damals keine befriedigenden Antworten auf ihre Fragen zu Herkunft und Geschichte erhielt, ging sie zu ihrer damaligen Geschichtslehrerin. Das war zwar naheliegend, aber die falsche Anlaufstelle, weil die Lehrerin kein Wissen zur jüdischen Geschichte hatte, eben weil das Ausbildungssystem dies nicht vorsah.

Einige ihrer Klassenkameraden bekamen das mit. Diese reagierten mit antisemitischem Mobbing. „Judensterne" wurden in den Briefkasten graviert, und einige Mitschüler riefen antisemitische Parolen hinter ihr her. Für sie war damals schon klar, dass dieses Verhalten nicht von den gleichaltrigen Kindern ausgehen konnte, sondern eher von deren Eltern und Großeltern kommen musste. Die Ablehnung des Judentums führt sie einerseits auf mangelndes Wissen und andererseits auf die generelle Ablehnung alles Religiösen in der DDR zurück.

In einem Staat großgeworden, der von sich behauptete: „Antisemitismus/Rassismus gibt es nicht mehr", hat sie geprägt. Durch das Verschweigen antisemitischer/rassistischer Straftaten gab es zunächst keinen Grund, dies anzuzweifeln. Erst später wurde klar, dass es sich um eine Staatsdoktrin handelte, die weder durch Aufarbeitung der NS-Zeit noch durch entsprechende Sensibilisierung in der Bildung gestützt wurde. Entschädigungen gab es für „Kämpfer gegen den Faschismus", nicht aber für „Opfer" (zu denen die DDR-Führung jüdische und aus sonstigen Gründen verfolgte Menschen zählte). In der DDR hatte man sich quasi per Verlautbarung von jeder Schuld und daraus resultierender Verantwortung an NS-Verbrechen reingewaschen.

Folgerichtig wurde ihrer Mutter zur Wendezeit nahegelegt, dass Esther Jonas-Märtin doch die Schule wechseln solle, was sie dann auch tat. Die reale Erfahrung mit antisemitischen Mitschülern sowie der abwehrenden Haltung von Lehrenden und Eltern war für sie das „Ende der DDR". Diese Erfahrung war für Esther Jonas-Märtin die persönliche „Wende" – die nachfolgende historische Wende des politischen Systems der DDR und dessen Untergang nach dem moralischen Bankrott waren für sie dann nicht mehr wichtig.

In ihrer neuen Schule, wo sie 1994 das Abitur machte, traf Esther Jonas-Märtin dann tatsächlich auf eine Lehrerin, die ihre erste Ansprechpartnerin in Sachen jüdischer Geschichte wurde, weil diese sich grundsätzlich selbst dafür interessierte und u. a. 1988 die Ausstellung „Juden in Leipzig" miterlebt hatte, die 1984 durch Erwin Märtin z"l initiiert worden war, und ihr Wissen nun bereitwillig mit ihrer Schülerin teilte.

Nach dieser Erfahrung kann man sich vielleicht vorstellen, was für ein böses Erwachen es war, Ende der 1990er Jahre zu erfahren, dass sie halachisch (religionsgesetzlich) als nichtjüdisch galt. Drei jüdische Großeltern, so viele ermordete Familienangehörige – und dann galt sie als nichtjüdisch? Mittlerweile wird

Patrilinearität anders angesehen und gehandhabt als zur damaligen Zeit; dennoch ist hier noch einiges zu verbessern, gerade auch im Hinblick auf Geschlechtergerechtigkeit und auf Gerechtigkeit gegenüber solchen und ähnlichen Biographien.

Schule und erste Studien

Wenn die DDR nicht untergegangen wäre, dann wäre Esther Jonas-Märtin Bibliothekarin geworden, ein Wunsch, der ihre große Liebe zu Büchern spiegelte, die seit der Kindheit anhält. Aber es sollte anders kommen. Die Wende 1989 unterbrach Lebenspläne und unterbrach Biographien, auch in ihrem Fall. Um weiteren Anfeindungen aus dem Weg zu gehen und um möglichst viel der zu erwartenden Übergangszeit zu überbrücken, fiel die Entscheidung, dass Esther Jonas-Märtin eine weiterführende Schule absolvieren sollte. Nach dem Abitur absolvierte sie Praktika in einem Steuerberatungsbüro und einer Anwaltskanzlei, bevor sie Germanistik und Religionswissenschaft an der Universität Leipzig studierte, letzteres im 13. Stock des damaligen Unihochhauses, dem sogenannten Weisheitszahn. Sie hatte immer gehofft, hier würde ein Lehrstuhl für Judaistik eingerichtet, aber den gibt es bis heute nicht. Auch bei den Vorlesungen an der Fakultät für Evangelische Theologie wurde ihre Hoffnung nicht erfüllt, jüdisches Wissen zu erlangen. „Hebräische Bibel oder Altes Testament?" nannte sich beispielsweise eine dortige Seminarreihe. Aber von den 13 Semesterwochenstunden widmete sich nur eine einzige der Frage, was jüdische Stimmen dazu sagen.

Obwohl Esther Jonas-Märtin regelmäßig öffentliche Vorträge über „Juden in Leipzig" hielt, stellte sich bald heraus, dass die autodidaktische Beschäftigung mit jüdischer Geschichte und Judentum ihr Grenzen setzte. Also beendete sie ihr Studium in Leipzig nicht, sondern zog im Jahr 2000 nach Berlin, um an der Universität Potsdam Jüdische Studien, Moderne Geschichte und Religionswissenschaft zu studieren.

In der Gemeinde der Neuen Synagoge Oranienburger Straße in Berlin-Mitte wurde Esther Jonas-Märtin während der Studienzeit regelmäßige Beterin. Das Engagierte, das Inklusive und das Mitmach-Prinzip fand sie äußerst spannend. Die Lebendigkeit der Gottesdienste hat sie angezogen und inspiriert. In den ersten Jahren erlebte sie Rabbiner Adi Assabi z"l, Kantorin Jalda Rebling, Kantorin Avitall Gerstetter, Rabbinerin Elisa Klapheck und viele andere als Vorbetende.

Fünf Jahre nach ihrem Umzug von Leipzig in die Hauptstadt schloss Esther Jonas-Märtin ihr Studium mit einer Magisterarbeit über die jiddische Lyrikerin Malka Li (1904–1976) ab. Ihre interdisziplinäre Abschlussarbeit erschien 2006 unter dem Titel „Höre Israel, wie ein Wasser quillt ...'. Das imaginäre Israel. Identität und Differenz in der Poesie von Malka Li".[2] Für ihre Magisterarbeit hatte sie in New York am Jiddischen Institut (YIVO), den Bibliotheken der Columbia Universität und der New York University recherchiert, deren Fundus ihre Ergebnisse und ihre Erkenntnisse entscheidend prägten. Vor dem Jiddischen als Sprache und Ausdruck kultureller Identität hat sie bis heute viel Respekt. Als deutsche Muttersprachler glauben viele, dass sie Jiddisch gut verstehen, denn es klingt sehr ähnlich. Aber die Grammatik ist anders, und die Wortbedeutungen sind oft nicht mit den heutigen vergleichbar; Missverständnisse sind da vorprogrammiert. Jiddisch als die einstmalige lingua franca der aschkenasischen[3] Juden findet in Deutschland zu wenig Beachtung und wird als eigene Sprache mit hebräischem Alphabet und als eigene Kultur zu wenig respektiert. Zum einem wird Jiddisch ohnehin häufig als rein linguistisches Phänomen an die Germanistik gekoppelt, außerdem ist es auch selten, dass das Jiddische aus anderer Sicht als der der Schoa oder der osteuropäischen Kultur des Klezmer betrachtet wird. Gerade die Auseinandersetzung mit jüdischer Identität zwischen Sprache, religiösen Traditionen, Weiblichkeit und real politischen Ereignissen des 20. Jahrhundert war das Spannende an der Arbeit mit den Texten Malka Lis.

Esther Jonas-Märtin war im Anschluss an ihr Studium als wissenschaftliche Mitarbeiterin an der Arbeitsstelle für Theologische Genderforschung in Bonn in ein interreligiöses DFG-Forschungsprojekt „Fromme Verspätung" zum Thema „Frauen zwischen Religion und Politik in Deutschland nach 1945" eingebunden. Einige Ergebnisse dieser Arbeit finden sich im Beitrag „Jüdische Frauen, Organisationen und Bewegungen in Deutschland nach 1945", der 2011 im „Handbuch der Religionen" erschien, wieder. Ihre Recherchen führten sie quer durch Deutschland in die einschlägigen Archive zur jüdischen Geschichte und der Geschichte der Frauenbewegung. Viele Gespräche und Interviews mit Frauen, die sich stark in der Frauenbewegung der Bundesrepublik Deutschland seit den Sechziger Jahren engagierten, erweiterten und ergänzten ihre Forschungsarbeiten. Es waren dann teilweise dieselben Frauen, die sich bei den Wiedergründungen der jüdisch-egalitären Gemeinden in den 1990er Jahren wiederfinden. Das war ein spannender Zusammenhang und führte zur Frage: Was bedeutet der Wille zum Engagement eigentlich für sie selbst und ihr weiteres Leben?

Von der Forscherin zur Rabbinerin

Hatte Esther Jonas-Märtin 1996 die Frage des Komponisten und Dirigenten Hermann Berlinski z"l mit einem „Nein" beantwortet, so hatte seine Antwort, dass „die jüdische Gemeinde jemanden wie sie unterstützen müsste" und: „Jemand, dessen Herz und Seele so für das jüdische Volk brennen, muss einfach ins Rabbinat" sich wie ein Samenkorn eingepflanzt und bildete nach und nach die nötigen Wurzeln für ihren Weg ins Rabbinat.

Nach der Statusklärung 2008 waren die letzten Weichen gestellt. Esther Jonas-Märtin bewarb sich für das Rabbinatsstudium und begann dieses im Jahr 2011 am Hebrew Union College in Jerusalem, das eine Ausbildungseinrichtung für Rabbiner*innen und Kantor*innen innerhalb des Reformjudentums ist. Ein Jahr später wechselte sie nicht nur die Institution, sondern auch die Denomination: sie ging an die Ziegler School of Rabbinic Studies in Los Angeles, die zum Conservative/Masorti[4]-Zweig gehört. Im Mai 2017 beendete sie ihr Studium mit einem „Master of Arts in Rabbinic Studies" und erhielt feierlich ihre Smicha (Ordination). Das Thema ihrer Abschlussarbeit lautete „Beyond Cain and Abel – The Individual Self and the Challenges of Community" („Jenseits von Kain und Abel – Das individuelle Selbst und die Herausforderungen von Gemeinschaft").

Die konservative Strömung ist in Deutschland nicht so häufig, wobei Esther Jonas-Märtin die Erfahrung gemacht hat, dass sich Conservative/Masorti in den USA und die Reformbewegung in Deutschland sehr viel ähnlicher sind als Conservative/Masorti und Reform in den USA. In Deutschland sind die Reform-Gottesdienste (auch in Folge der Struktur der Einheitsgemeinden) teils sehr viel konservativer in Liturgie, Sprache und Ablauf als die Reformgottesdienste oder auch die Gottesdienste der Gemeinden, die sich der Conservative Denomination in den USA zugehörig fühlen. In den USA ist die Bandbreite der Conservative/ Masorti sehr breit, es finden sich innerhalb der Denomination nicht-egalitäre Gemeinden ebenso wie egalitäre Gemeinden, d.h. Gemeinden, in denen Männer und Frauen gleichberechtigt zum Minjan gezählt werden. Daneben finden sich in dieser Strömung gleichermaßen Gemeinden, die – wie in der Orthodoxie – auf Musikinstrumente vollständig verzichten, wie auch solche, die den Schabbatgottesdienst zum Beispiel mit Gitarren und anderen Musikinstrumenten begleiten.

Glaube an Gott

Das Judentum hat es nicht zwangsläufig in sich, dass man an Gott glauben muss. Jüdischsein kann man auch ohne einen Glauben an Gott. Wie kann man das verstehen? Nun, viele der Mitzwot, der jüdischen Gebote, beziehen sich tatsächlich auf die Regelung des

Lebens mit anderen Menschen und den Umgang mit unserer Umwelt sowie den Ressourcen wie Wasser oder Bodenschätze, nicht nur auf die Verehrung Gottes als solche.

Für die Rabbinerin persönlich gehört Gott allerdings unbedingt dazu. Gott gehört zu ihrem Leben seit einer Begegnung am Grab des Großvaters mit ihrer Großmutter Katja Jonas z"l im November 1996. Manchmal ist der Friedhof nicht nur der Ort, wo etwas endet, sondern der Ort, wo etwas beginnt: Sie standen nebeneinander vor dem Grab, als die Enkelin einen Stein auf den Grabstein legte. Die Großmutter war sehr erstaunt und fragte sie, ob sie wüsste, was das bedeutet, was bejaht wurde. Es ist ein sehr alter jüdischer Brauch, beim Besuch eines Grabes dort einen kleinen Stein abzulegen, zum ehrenden Gedenken an den Verstorbenen. „Aber es hat dir doch keiner erzählt." – „Ich habe es mir selbst beigebracht." Sie gingen einige Schritte vom Grab weg, und dort nahm die Großmutter ihre Hände in ihre und begann ein Gebet zu sprechen. Obwohl sie nicht verstand, welches Gebet das war, fühlte sie sich gesegnet. Das war der Moment, von dem an Esther Jonas-Märtin ihr gesamtes jüdisches Erbe in den Händen und in ihrer Seele hielt.

Und doch findet sie jüdische Ethik und Lebensphilosophie auch immer wieder sehr unabhängig von „Glauben an". Anders ausgedrückt: Judentum ist weniger eine Sache des Glaubens; Judentum ist vielmehr eine Religion des Tuns, des ethischen Handelns, unserer Verantwortung als Menschen in der Welt. Und genau hier gibt es für ihre Arbeit im Lehrhaus sehr viele Anknüpfungspunkte für Begegnungen und Lernen.

Ein Jüdisches Lehrhaus für Leipzig

1989 gab es in Leipzig nur noch 30 Juden. Auch wenn die Zahlen variieren, gehen wir heute von etwa 750 Jüdinnen und Juden aus. Fast alle kamen aus den ehemaligen Sowjetrepubliken in die sächsische Messestadt. Dies hat jedoch nichts mit einer so oft beschworenen „Renaissance" des Judentums in Deutschland zu tun, weil das, was einst da war, sich nicht erneuert hat. Vielmehr brachte ein neuer Bevölkerungsanteil eigene Traditionen mit und baute Eigenes auf. Es ist tatsächlich neues jüdisches Leben und hat mit dem, was in Leipzig bis 1933 oder seit 1945 bis vor 1989 existierte, beinahe nichts mehr zu tun – weder intellektuell noch historisch. Erinnerungskultur braucht Menschen, die mit der Geschichte eines Ortes verbunden sind. Wenn allerdings über 90 Prozent der jüdischen Bevölkerung aus der ehemaligen Sowjetunion kommen, kulturell und muttersprachlich noch immer im Russischen verankert sind, dann wird das Erinnern schnell zur Kunstfigur. Das merkt man in Leipzig und anderen Orten bis heute, wo eine deutsch-jüdische Perspektive viel zu oft außer Acht gelassen wird. Hier ist die gesamte jüdische Gemeinschaft gefragt, dass das Erinnern lebendig gestaltet wird und heute lebende jüdische und nichtjüdische Menschen miteinander verbindet.

Im Lehrhaus geht es insbesondere um das gemeinsame Miteinanderlernen, nicht nur darum, etwas zusammen zu feiern. Und immer ist es die ganze Gruppe, die das Gemeinsame gestaltet, die Diskussionen zulässt und für echte Aha-Momente sorgt. „Rabbinerin" zu sein bedeutet im wörtlichen Sinn, eine Lehrerin und Gelehrte zu sein, die die geheiligten jüdischen Traditionen aufrechthält und lehrt – es ist jeden Tag wieder das Gefühl der Berufung, es ist echte Herausforderung und spürbarer Segen.

Mit der Gründung des Lehrhauses „Beth Etz Chaim" („Haus des Lebensbaumes") hat sie eine Grundlage geschaffen für geschützte Räume, in welchen ethische, moralische oder spirituelle Fragen jenseits von Vorwissen, Bildungshintergrund oder Weltanschauung gestellt und diskutiert werden können.

Öffentlich gefördert wird „Beth Etz Chaim" weder von der Stadt noch dem Freistaat Sachsen. Wie auf der Webseite etzchaim.de zu lesen ist, treten Rabbinerin Jonas-Märtin und ihre Mitstreiter*innen für die Vermittlung jüdischen Wissens und jüdischer

Werte, für Pluralismus sowie für die friedliche Koexistenz der Religionen und Weltanschauungen ein.

Die in den USA erlebte Bandbreite gelebter Diversität ist es, die Esther Jonas-Märtin spannend und immer wieder inspirierend findet, und die Patin steht bei ihrem Umgang mit Traditionen, die wiederum die Basis für die Zukunft bilden. Ziel ihrer Arbeit – nicht nur – im Lehrhaus ist die Vermittlung von differenziertem Wissen über das Judentum, über jüdische Menschen und jüdische Geschichte ohne Klischees und Stereotypen. „Wir wollen Räume für Gespräche kreieren. Es geht um die Werte des Judentums, welche Lebensphilosophien haben wir zu bieten und wie können diese in die Gesellschaft eingebracht werden? Das vermittelte Wissen soll zur Empathiefähigkeit beitragen: „Wie die Bäume brauchen starke Menschen Sinnhaftigkeit und Verwurzelung, um einen Beitrag zu einer besseren Welt leisten zu können."

Klar wendet sie sich gegen die Objektifizierung jüdischer Menschen und der jüdischen Kultur für das Verfolgen einer Agenda einer nichtjüdischen Mehrheitsgesellschaft. Es muss darum gehen, dass jüdische Menschen nicht mehr funktionalisiert und begrenzt werden auf die Themen Schoa oder Antisemitismus. Deshalb beschäftigt sie sich weniger mit der Vergangenheit, sondern mehr mit der Gegenwart und Zukunft: Was ist das Judentum, und was soll es sein? Aber auch Völkerverständigung und der Dialog mit anderen Religionen, Weltanschauungen und philosophischen Strömungen ist ihr wichtig.

Mittlerweile hat sich eine kleine Gruppe gebildet, die den Umgang mit dem Siddur (dem jüdischen Gebetbuch, von hebr. Seder = Ordnung) und die jüdische Liturgie lernen wollen. Für sich persönlich bevorzugt Rabbinerin Jonas-Märtin noch immer den „Siddur Sim Shalom" im Taschenbuchformat. Dieses jüdische Gebetbuch für Schabbat, Wochen- und Feiertage mit den Gebeten, Lesungen, Kommentaren sowie ergänzenden Texten, dessen Erstauflage von 1985 stammt, ist ein Gebetbuch der konservativen Denomination, herausgegeben von der Rabbinical Assembly. Daneben finden aber auch immer wieder andere Siddurim (Gebetbücher) ihren Platz in Rabbinerin Jonas-Märtins Alltag, so zum Beispiel der 2013 ebenfalls von der Rabbinical Assembly herausgegebene „Siddur Lev Shalem" und der „Mishkan T'filah" – ein Reform-Siddur. Alle diese Gebetbücher sind für sie Quellen der Inspiration und des Suchens nach Worten im Gespräch mit dem Göttlichen in unserem Leben. Allen Gebetbüchern gemeinsam ist ein formaler Teil der Liturgie. Wesentliche Unterschiede bestehen dagegen im Anteil des Hebräischen und im Angebot der Gebetbücher für Alternativen, wie zum Beispiel Meditationen vor oder auch anstelle der hebräischen Original-Gebete. Der „Siddur Sim Shalom" (Conservative/Masorti) ist das Gebetbuch, das sie am besten kennt, mit dem sie ins jüdische liturgische Leben hineingewachsen ist. Es enthält die traditionellen hebräischen Gebete, die übersetzt, aber kaum transliteriert werden, außerdem die Wochentagslesungen aus der Tora, die Lesungen für Schabbat und Feiertage und die jeweils dazugehörigen Haftarot (Lesungen aus den Prophetenbüchern). Auch die Pirkei Avot („Sprüche der Väter"), das Buch Ruth und Ecclesiastes (das Buch Kohelet) sind darin in einer englischen Übersetzung enthalten, und es finden sich auch Reflektionen für die Festtage, Segenssprüche für verschiedene Lebensmittel oder auch für andere Rituale im eigenen Zuhause. „Mishkan T'filah" (Reform) bietet einerseits hebräisches Original mit durchgehender Transliteration (Lautschrift in lateinischen Buchstaben), sowie für fast alle Teile des Gebets auch Übersetzungen, die oft mit der Chatima (der Schlussformel eines Gebets) auf Hebräisch enden, womit sich sicherlich Menschen mit weniger Hebräischkenntnissen stärker willkommen fühlen. Dazu kommen als Alternative englische Texte, die die Motivik der Gebete aufgreifen, diese aber in eine andere Sprache fassen und so wiederum andere Möglichkeiten des Verstehens jüdischer Liturgie eröffnen. „Siddur Lev Shalem" (Conservative/Masorti) begrenzt die Transliteration auf einige zentrale Gebete und trennt klar zwischen traditionell hebräischem Gebet und Übersetzungen. Die Einfügungen von Kavannot (Meditationen), glossarischen Erklärungen, philosophischen Texten oder Gedichten erlauben neue und andere Perspektiven zu den jeweiligen Teilen der Liturgie. Neben den genannten Gebetbüchern kommen, bedingt durch spezielle Anlässe und die – noch – fehlenden formalen Gebete für viele Situationen in unserem Leben viele weitere, zumeist online zugängliche Quellen in der Arbeit von Rabbinerin Jonas-Märtin zur Anwendung.

Die jeweiligen Siddurim der unterschiedlichen jüdischen Denominationen differieren teilweise in ihrem liturgischen Inhalt, was sich zwar weniger im Aufbau des Gottesdienstes, aber doch in manchen Gebetstexten bemerkbar macht. So fehlen beispielsweise in den Gebetbüchern der Reformbewegung die Bezüge auf die Wiedererrichtung des Tempels mit dem dortigen Opferdienst, welche in den traditionellen Texten der orthodoxen Siddurim in der Regel vorhanden sind. In den Siddurim des konservativen Judentums wird dies unterschiedlich gehandhabt, und manchmal finden sich der traditionelle Text und eine neuere Version nebeneinander. So werden, wie in den Reform-Gebetbüchern, oft auch in den Masorti-Siddurim die Matriarchinnen Sara, Rivka, Lea und Rachel zusammen mit den Patriarchen Avraham, Jitzchak und Ja'akov genannt.

Rabbinerin Esther Jonas-Märtin ist Mitglied der konservativen weltweiten „Rabbinical Assembly" und assoziiertes Mitglied der Allgemeinen Rabbinerkonferenz (ARK). Sie arbeitet als freie Referentin und Dozentin und ist Promovendin an der Philosophischen Fakultät der TU Dresden.

Ergänzt wird das rabbinische Portfolio durch regelmäßige Veröffentlichungen zu jüdischen Themen, zum Beispiel in der österreichischen Onlinezeitschrift für theologisch interessierte Leserinnen und Leser *feinschwarz.net*. Beginnend mit der Frage: „Wollten Sie schon immer wissen, wann die Welt eigentlich Geburtstag hat?" widmet sie einen Beitrag dem „Geburtstag der Welt", d.h. zu Rosch Haschana, dem jüdischen Neujahrsfest, welches im Herbst begangen wird. In klaren Worten beschreibt Rabbinerin Jonas-Märtin Wege zur Einkehr, die am Beginn eines jeden neuen jüdischen Jahres stehen und unsere ethischen Kräfte erneuern (Rosch Haschana 5780, im Jahr 2019):

„Wenn wir uns zu Rosch HaSchanah an Gottes Werke in der universalen Schöpfungsgeschichte erinnern, dann machen wir uns bewusst, dass die gesamte Schöpfung ineinandergreift und voneinander abhängig ist und wir stellen uns in einen Kontext, der insbesondere die Einheit der Menschheit betont. Die biblische Beschreibung der Schöpfung Gottes beginnt mit der Beschreibung des Kosmos und dessen Begrenzung auf menschlichen Maßstab. Ursprünglich gibt es da die unvorstellbare, mit bloßem Auge unsichtbare Größe des Universums, in das Gott mit der Schöpfung des Lichts den Schlüssel für das Verstehen unserer eigenen Begrenztheit und gleichzeitig für die unglaubliche Weite des Schöpfungswerkes einpflanzt. Der Schlüssel für unsere Beziehung zur Schöpfung liegt einerseits in unserem Verstehen dessen, dass wir ein (kleiner) Teil dieser Schöpfung sind und andererseits in der Wahrnehmung unserer Verantwortung als Partner*innen Gottes in der Schöpfung. Von der puren Suche nach Gott in unserem Leben bis hin zu unseren Beziehungen zu anderen Menschen versuchen wir, Gott ähnlich zu sein. B'Tzelem Elohim, im Ebenbild Gottes geschaffen zu sein, ist der biblische Auftrag an alle Menschen, das Beste in uns zu finden und die beständige Herausforderung, unsere Talente und unsere Segnungen in die Welt scheinen zu lassen. B'tzelem Elohim bedeutet, dass wir unsere Entscheidungen nach moralischethischen Kriterien treffen, dass wir uns der Verantwortung der Welt gegenüber bewusst sind und die Schöpfung bewahren helfen."[5]

1 Hebr. zichronah lewrachah/zichrono lewracho: „Ihr/Sein Andenken sei zum Segen" (der im Judentum gebräuchliche Ausdruck für „seligen Angedenkens" für eine verstorbene Person).

2 Esther Jonas-Märtin: „Höre Israel, wie ein Wasser quillt..." Das imaginäre Israel. Identität und Differenz in der Poesie der jiddischen Dichterin Malka Li. Göttingen 2006.

3 „Aschkenasisch" beschreibt jüdische Menschen aus Mittel-, Nord- und Osteuropa.

4 Masorti, hebr.: traditionell, auch: konservativ.

5 https://www.feinschwarz.net/es-ist-rosch-haschanah/ 20. Juli 2020.

Nachwort

Katharina von Kellenbach

Ich verstand meine Suche nach den historischen Beweisen für die Ordination des Frl. Regina Jonas zur Rabbinerin in Berlin als Erinnerungsauftrag und Vergangenheitsbewältigung. In den frühen neunziger Jahren war die Idee einer jüdisch-feministischen Renaissance in Deutschland unvorstellbar. Dieses Buch über Rabbinerinnen in Deutschland gibt Hoffnung in einem kritischen historischen Moment, der sich bedrohlich gibt. Ich schreibe dieses Nachwort im Sommer 2020, inmitten einer unberechenbaren globalen Pandemie und Nachrichten über ökologische Katastrophen sowie dem viralen Erstarken rechtsextremer Bewegungen, die sich dem Rassismus, Antisemitismus, und Nationalismus verschrieben haben. Wir wissen nicht, was die Zukunft bringt, aber es scheint nichts Gutes zu sein. Es herrscht eine unheilschwangere Endzeitstimmung und apokalyptische Erwartung des Kollapses demokratischer Gesellschaftssysteme und wirtschaftlicher Lebensgrundlagen.

Jüdisches Leben in Deutschland ist post-apokalyptisch und geschieht im Schatten der totalen Zerstörung und des Endes des europäischen Judentums. Nicht nur das deutsche Judentum mit den Reformsynagogen und jüdischen Philosophen, auch die jiddische Theater- und Literaturwelt, die „ostjüdische" Frömmigkeit und chassidische Welt sowie ganz unterschiedliche, national geprägte Kulturen der französischen, holländischen, italienischen und ungarischen jüdischen Religionsgemeinschaften sind unwiederbringlich verloren. Das kann nicht „wiedergutgemacht", nicht versöhnt oder geheilt werden.

Lange Zeit schien es undenkbar, dass sich ausgerechnet in diesem Land noch einmal ein selbstbewusstes jüdisches Gemeindeleben etablieren könnte. Raphael Seligmann spricht in seinem Buch „Mit beschränkter Hoffnung" von Deutschland als „Tschernobyl des Antisemitismus", also einem nuklear verstrahlten und vergifteten Boden, auf dem nichts mehr wachsen kann. Hier explodierte das tödliche Gift, das *Weiter Leben* auf Jahrhunderte auszuschließen schien.[1] Jahrzehntelang lebten die kleinen Gemeinden jüdischer Überlebender zurückgezogen und versteckt vor den misstrauischen Blicken der Täter-identifizierten Mehrheitsgesellschaft und der kritischen Perspektive jüdischer Kommentatoren in Nordamerika und Israel, die nicht verstehen konnten, warum sich die Auswanderung so lange hinzog. An eine Zukunft in Deutschland wollte niemand so richtig glauben.

Ich ging als evangelische Theologiestudentin in die USA, um jüdische Theologie und jüdisch-christlichen Dialog zu studieren. Dort, in Philadelphia, traf ich zum ersten Mal auf lebendiges Judentum und auf Synagogen, die „Bewegungen" mit Namen wie Reconstructionist, Conservative, Orthodox und Jewish Renewal angehörten, von denen ich noch nie gehört hatte. Ich traf auf jüdische Hippies und lesbische Feministinnen, säkulare politische Aktivisten und jiddische Literatur-Enthusiasten. Ich stellte fest, dass ich mit Bildern von toten Juden und Jüdinnen aufgewachsen war. 1960 in Westdeutschland geboren, hatte ich die Schwarz-Weiß-Fotos von Leichenbergen und ausgemergelten Gefangenen hinter Stacheldraht gesehen und war jüdischem Leben nur in Museen und Geschichtsbüchern begegnet. Judentum gehörte zur deutschen Vergangenheit und war zudem extrem schuldbehaftet. Allein die Sprache war peinlich. Durfte man jemanden als „Juden" bezeichnen, oder war das Wort ein Schimpfwort und eine Beleidigung? Rabbiner waren in meiner Vorstellung auf jeden Fall alte Männer mit weißen Rauschebärten, langen Schläfenlocken und schwarzen Hüten.

Es ist also nicht verwunderlich, dass ich mich überrumpelt fühlte, als meine Nachbarin sich an meinem ersten Studientag an der Temple-Universität in Philadelphia als Rabbinatskandidatin vorstellte, die am Reconstructionist Rabbinical College in Philadelphia studierte. Ich protestierte lauthals und sagte: „Das gibt es nicht, Frauen können nicht Rabbinerinnen werden." Daraufhin belehrte sie mich: „Du kennst deine eigene [deutsche] Geschichte nicht, die erste Rabbinerin wurde in Berlin in den dreißiger Jahren ordiniert und hieß Regina Jonas." Ich war sprachlos, beschämt und bloßgestellt. Wieso wusste ich davon nichts? Ich schrieb meine Dissertation über „Anti-Judaism in Feminist Religious Writings", um mir selber zu erklären, woher meine tiefe Überzeugung stammte, dass das Judentum patriarchalischer und frauenfeindlicher als das Christentum sei.[2] Woher kam meine instinktive Annahme, dass sich die Kirche (zumindest auf der evangelischen Seite) der Geschlechtergerechtigkeit öffnen und Frauenordination zulassen würde, während die Synagoge altertümlich und unbelehrbar, starrsinnig und verbohrt – alles traditionelle antijüdische Stereotype – bleiben würde? In diesen Jahren fanden auch heftige Diskussionen in Deutschland und in den USA über Antisemitismus in der Frauenbewegung und Antijudaismus in der feministischen Theologie statt. Zu den Tagungen zum Antijudaismus in der feministischen Theologie in Deutschland flogen jüdische Teilnehmerinnen ein: Judith Plaskow und Susannah Heschel kamen aus den USA, Evelyne Goodman-Thau und Penina Navè-Levinson reisten aus Israel ein. Es gab kaum jüdische Teilnehmerinnen aus Deutschland. Es gab nur wenige jüdische Feministinnen mit der notwendigen jüdischen Ausbildung, die sich aktiv hätten einmischen können oder wollen.

Nach Beendigung meiner Dissertation 1990 fiel mir wieder ein, dass ich immer noch nichts über das Frl. Rabbiner Regina Jonas wusste. Schnell wurde mir dann klar, dass ich mitnichten die Einzige war, die nichts über sie wusste. Meine Suche nach Regina Jonas begann als Beitrag zum Holocaustgedenken und zur Frauengeschichte. Ich bin weder als Historikerin ausgebildet noch besonders vertraut mit deutsch-jüdischer Geschichte. Aber ich wollte der versuchten Auslöschung dieser Frau, als Jüdin von den Nazis ermordet und als Rabbinerin von ihren Kollegen ignoriert, die Erinnerung entgegensetzen. Dass sie vergessen wurde, ist nicht unerklärlich: Sie war eine Person unter sechs Millionen, deren Spuren vernichtet werden sollten. Sie hinterließ keine Kinder und hatte keine Familie, deren Überlebende ihr Andenken hätten pflegen können. Ihre Schülerinnen waren verstreut und ihre Kollegen waren vollauf beschäftigt, ihre neuen Karrieren und Institutionen im Ausland aufzubauen. Die Spuren von Frauen verlieren sich allzu oft im Sand der Geschichtsschreibung, besonders der Religionsgeschichte. Nur die gelehrten und politisch wichtigen Männer werden namentlich erwähnt und von Generation zu Generation weitertradiert. Frauen, ihre Schriften und Kämpfe, ihre Leistungen und Erfahrungen werden generell eher ignoriert und oft komplett vergessen.[3] Frauengeschichte ist Widerstand.[4]

Heute inspiriert die Geschichte Regina Jonas', weil sie „radikale Hoffnung" verkörpert. Nicht nur ihre Predigten, sondern ihre gesamte unglaubliche Lebensgeschichte ist Zeugnis eines unerschütterlichen Glaubens und einer unbeirrbaren Hoffnung. Dass diese in ärmlichen Verhältnissen und vaterlos aufgewachsene junge Frau es geschafft hat, ihre Vision, Rabbinerin zu werden, durchsetzen konnte, repräsentiert, was Barack Obama in seinem Buch als „Audacity of Hope" bezeichnet hat.[5] „Mut zur Hoffnung" fällt nicht vom Himmel, sondern wird in zäher Beharrlichkeit kultiviert. Wir können kaum nachvollziehen, welche Widerstände finanzieller, religiöser, persönlicher, gesellschaftlicher und legaler Natur Regina Jonas täglich überwinden musste. Sie bekämpfte massive Unrechtsstrukturen der patriarchalen Geschlechterordnung und des institutionalisierten Judenhasses, die über hunderte Jahre hinweg zur Selbstverständlichkeit mutiert und als gottgewolltes Naturgesetz etabliert wurden. Die Würde ihrer Glaubensfestigkeit wirkt als leuchtendes Vorbild in die Nachwelt hinein. Aber schon zu ihren Lebzeiten nutzte Regina Jonas ihre außergewöhnliche Lebenserfahrung, um in ihren Predigten ihren Zuhörern zuerst in den Berliner jüdischen Institutionen und dann in Theresienstadt Mut zur Hoffnung inmitten der apokalyptischen Gewaltexplosion zuzusprechen. Ihre Predigtnotizen, die in Theresienstadt gefunden wurden (wohin sie 1942 deportiert worden war und zwei Jahre – bis zu ihrer Ermordung – als Rabbinerin wirkte), sind Zeugnis ihres unbeugsamen und standhaften Glaubens:

„Unser jüdisches Volk ist von Gott in die Geschichte gesandt worden als ein ‚gesegnetes Volk.‘ Von Gott ‚gesegnet‘ sein heißt, wohin man tritt, in jeder Lebenslage, Segen, Güte, Treue spenden – Demut vor Gott, selbstlose, hingebungsvolle Liebe zu seinen Geschöpfen erhalten die Welt. Diese Grundpfeiler der Welt zu errichten, war und ist Israels Aufgabe."[6]

Für Jonas ist jüdischer Glaube Verpflichtung und Aufgabe. Sie interpretiert den Segen Gottes als Auftrag zur Hoffnung. Sie stellt Mitmenschlichkeit und Gerechtigkeit ins Zentrum ihres Glaubens, gerade in dem Moment, in dem sie von der Wirklichkeit scheinbar widerlegt und unmöglich gemacht werden. In diesem Sinne bestätigt sie Siegmund Freuds Analyse der Religion als einer „Illusion", die gerade dort einen Weg bereitmacht, wo es weder Weg noch Ausweg gibt.

Die Rabbinerinnen in Deutschland stehen in dieser Tradition. Sie setzten Zeichen radikaler Hoffnung, indem sie Gemeinden gründeten, wo jüdisches Gemeinschaftsleben unmöglich geworden waren. Hier geht es nicht um Heilung und Versöhnung mit der Vergangenheit. „Es wird nie wieder alles gut", schreibt Max Czollek und kritisiert das Verlangen der nichtjüdischen Deutschen nach „Wiedergutwerdung" in seinem Buch „DesIntegriert Euch".[7] Radikale Hoffnung leugnet weder die vergangene Zerstörung noch die gegenwärtige Bedrohung.[8] Aber sie nimmt sich das Recht, in jeder Generation die „Grundpfeiler" des Bundes, den Israel mit Gott geschlossen hat, erneut einzusetzen. In dieser Tradition lassen sich heute Frauen in Deutschland ins Rabbinat berufen. Damit setzen sie ein Zeichen post-apokalyptischer Hoffnung.

Und dieses Mal, so steht zu hoffen, werden diese Rabbinerinnen nicht von ihren nichtjüdischen feministischen Nachbar*innen allein gelassen. Während sich im Leben der Regina Jonas keine solidarischen Netzwerke über die Religionsgrenzen hinweg feststellen lassen, bestehen heute jüdisch-christliche Beziehungen auf der wissenschaftlichen, politischen und Gemeindeebene. So war es zum Beispiel selbstverständlich, dass ich meine Forschungsfunde und Korrespondenzkontakte mit Elisa Klapheck teilte, als sie an ihrem Buch über Regina Jonas arbeitete. Und in der Zusammenarbeit zwischen Rabbinerin Dr. A. Yael Deusel und Rocco Thiede wird dieses Buch zu einem Dialog und einem Projekt der Aufklärung, das bestehende Vorurteile abbauen will. Der Antisemitismus ist nicht verschwunden, selbst der Völkermord an den europäischen Juden hat ihn nicht beendet. Radikale Hoffnung wird in kleinen Akten der Solidarität kultiviert, wenn Einzelne einstehen und aufstehen, sobald diese religiöse Minderheit angegriffen und ausgegrenzt wird. Möge dieses Buch dazu beitragen, dass jüdische Gemeinden auf diese Solidarität hoffen können.

1   Ruth Klüger: *Weiter Leben. Eine Jugend*, dtv, 1994.
2   Katharina von Kellenbach: *Anti-Judaism in Feminist Religious Writings*, Atlanta: Scholars Press, 1994.
3   Vgl. Jewish Women's Archive, https://jwa.org.
4   Gerda Lerner: *The Creation of Patriarchy*; New York: Oxford University press, 1986. Gerda Lerner: *The Creation of Feminist Consciousness*, New York: Oxford University Press, 1993.
5   Barack Obama: *Audacity of Hope, Thoughts on Reclaiming the American Dream*, 2006.
6   Archiv Památník, Terezín, Sammlung Karl Hermann; auch: Elisa Klapheck, Fräulein Rabbiner Jonas. Kann die Frau das rabbinische Amt bekleiden? Teetz 2000, s 81f.
7   Max Czollek: *DesIntegriert Euch*, München 2018, S 173.
8   European Agency for Fundamental Human Rights, *Antisemitism*: Overview of data available in the European Union 2008–2018, November 2019, https://fra.europa.eu/sites/default/files/fra_uploads/fra-2019-antisemitism-overview-2008-2018_en.pdf.

Über die Rabbinerinnen und Autorinnen

Rabbinerin Antje Yael Deusel

wurde 1960 geboren und ist Urologin und Rabbinerin. Neben ihrer Arbeit als Gemeinderabbinerin für die Liberale Jüdische Gemeinde Mischkan ha-Tfila Bamberg ist sie in einer belegurologischen Praxis in Bamberg tätig. Seit 2013 ist sie als Seelsorgerin Mitglied im klinischen Ethikkomitee der Sozialstiftung Bamberg. Darüber hinaus hat sie einen Lehrauftrag im Fach Judaistik an der Universität Bamberg inne und unterrichtet in diesem Fach auch an der Evangelischen Hochschule Nürnberg sowie an der Universität Augsburg. Ihre rabbinische These zu den medizinischen und halachischen Aspekten der Brit Mila ist 2012 als Buch unter dem Titel „Mein Bund, den ihr bewahren sollt" erschienen. Rabbinerin Deusel ist Mitherausgeberin des Gedenkbuchs der Jüdischen Bürger Bambergs sowie des Buches „Jüdisches Bamberg. Ein Gang durch die Stadt", hat u. a. Buchbeiträge zur Beschneidungsdebatte und anderen halachischen Themen verfasst und schreibt regelmäßig für die *Jüdische Allgemeine*. Seit 2012 ist sie Vorstandsmitglied der Allgemeinen Rabbinerkonferenz Deutschland.

Rabbinerin Gesa Shira Ederberg

wurde 1968 in Tübingen geboren. Sie studierte Physik und Judaistik und Evangelische Theologie in Tübingen, Bochum, Berlin, New York und Jerusalem. Nach einem Rabbinatsstudium am Schechter Institute in Jerusalem erhielt sie 2002 ihre Smicha (Ordination).

2002 gründete sie „Masorti e.V. – Verein zur Förderung der jüdischen Bildung und des jüdischen Lebens" in Berlin, die Masorti-Kitas und die Jewish International School – Masorti Grundschule in Berlin. Von 2002 bis 2006 war sie Gemeinderabbinerin in Weiden in der Oberpfalz. Ederberg ist Autorin und Redakteurin verschiedener Publikationen, zum Beispiel „Sympathie Magazin Judentum Verstehen" (www.sympathiemagazin.de) und „Pluspunkt Deutsch für jüdische Zuwanderer" (Cornelsen Verlag). Außerdem ist sie Vorstandsmitglied der International Rabbinical Assembly of Masorti/Conservative Rabbis. Sie ist „Spiritual Advisor" am Zacharias Frankel College, dem Masorti-Rabbinerseminar, und entwickelt mit muslimischen und christlichen Partnerinnen das Drei-Religionen-Kita-Haus in Berlin.

Rabbinerin Ederberg ist verheiratet und hat drei Kinder.

Seit 2007 ist sie Gemeinderabbinerin der Jüdischen Gemeinde zu Berlin, zuständig für die Synagoge Oranienburger Straße und Gründerin und Rabbinic Advisor von Masorti e.V.

Rachel Herweg

wurde 1960 geboren, Dr. phil., Judaistin, Pädagogin, Systemische und Familientherapeutin (DGSF). Sie ist Mitbegründerin von Bet Debora. Ihre Forschungs- und Arbeitsschwerpunkte liegen auf jüdischer „Theologie", der Rolle der Frau im Judentum, Gender und Diversity, Traumatisierung und Interreligiösem Lernen/ interreligiöser Dialog.

Rabbinerin Esther Jonas-Märtin

wurde 1974 in Leipzig geboren, studierte Germanistik, Religionswissenschaft, Jüdische Studien und Moderne Geschichte an den Universitäten Leipzig und Potsdam. In ihrer Magisterarbeit widmete sie sich „Israel" im Werk der jiddischen Lyrikerin Malka Li. Nach ihrem Abschluss zur Magistra Artium 2006 arbeitete

Jonas-Märtin als wissenschaftliche Mitarbeiterin in einem inter-religiös angelegten DFG-Projekt zum Themenbereich „Jüdische Frauen in Deutschland nach 1945 zwischen Religion und Politik". Die Arbeit in diesem Projekt wurde richtungsweisend für ihre Entscheidung und ihren Weg ins Rabbinat, der sie zunächst 2011 an das Hebrew Union College in Jerusalem führte. Nach einem Jahr wechselte sie in das Programm der Ziegler School of Rabbinic Studies an der American Jewish University, Los Angeles. Mit ihrer Master Thesis: „Beyond Cain and Abel – The Individual Self and the Challenges of Community" erwarb sie 2017 den Master of Arts in Rabbinic Studies und erhielt ihre Smicha (Ordination) von der Ziegler School of Rabbinic Studies.

Sie ist Initiatorin von Beth Etz Chaim, einem jüdischen Lehrhaus, das durch die Vermittlung jüdischen Wissens und jüdi-scher Werte einerseits in aktives jüdisches Leben einlädt und an-dererseits für Pluralismus sowie für die friedliche Koexistenz der Religionen und Weltanschauungen eintritt. Seit 1996 lehrt sie zu einer Vielzahl von Themenfeldern der Jüdischen Geschichte, Gen-der und Judentum.

Katharina von Kellenbach

wurde 1960 in Stuttgart geboren, studierte Evangelische Theo-logie in Berlin (West) und Göttingen und begann 1983 das Studium der Religionswissenschaft an der Temple University in Philadelphia, USA. 1990 promovierte sie zu „Anti-Judaism in Feminist Religious Writings", die Dissertation wurde 1994 bei Scholars Press (jetzt Oxford University Press) veröffentlicht. Zu ihren Fachgebieten gehören Holocaust Studies, jüdisch-christ-liche Beziehungen, feministische Theologie und interreligiöser Dialog. Katharina von Kellenbach ist Professorin für Religions-wissenschaft und ehemalige Vorsitzende der Abteilung für Philosophie und Religionswissenschaft am St. Mary's College in Maryland. Derzeit arbeitet und lehrt sie am Boston College,

Zentrum für christlich-jüdisches Lernen, und hat den Corcoran Visiting Chair 2019–2020 für christlich-jüdische Beziehungen inne.

Rabbinerin Elisa Klapheck

wurde 1962 in Düsseldorf geboren, ist liberale Rabbinerin in der Jüdischen Gemeinde in Frankfurt am Main. Seit den 1990er Jahren engagiert sie sich für eine Erneuerung der jüdisch-religiösen Tradition. In diesem Zusammenhang tritt sie für einen neuen Dialog zwischen Religion und Politik ein. Von ihr erschienen sind u. a. die Bücher „Fräulein Rabbiner Jonas – Kann die Frau das rabbinische Amt bekleiden?" (1999), „So bin ich Rabbinerin geworden. Jüdische Herausforderungen hier und jetzt" (2005) und „Margarete Susman und ihr jüdischer Beitrag zur politischen Philosophie" (2014). Darüber hinaus hat Klapheck mit Frankfurter Juden und Nichtjuden „Torat Hakalkala – Verein zur Förderung angewandter jüdischer Wirtschafts- und Sozialethik" gegründet. Seit 2015 gibt sie die Schriftenreihe „Machloket/ Streitschriften" heraus, in der Gegenwartsautoren eine inhaltliche Auseinandersetzung zur Weiterentwicklung der jüdischen Tradition führen. www.elisa-klapheck.de

Rabbinerin Diane Tiferet Lakein

wurde 1966 in San Francisco geboren und verbrachte einen Teil ihrer Kindheit in Stockholm. Sie absolvierte ihren Bachelor-Studiengang in Sinologie und Internationaler Politik an der Princeton University und verbrachte während dieser Zeit zwei Jahre an der Peking Universität. Anschließend studierte sie Anthropologie und Women's Studies an der University of Michigan, Ann Arbor (M.A.). 1994 kam sie mit Stipendien des DAAD und des SSRC nach Berlin. Sie entschied sich, in Deutschland zu bleiben, gründete eine Familie und engagierte sich in der liberaljüdischen Kölner Gemeinde Gescher LaMassoret, wo sie unter anderem Familiengottesdienste leitete. Ihre immer stärker empfundene rabbinische Berufung bewegte sie schließlich zu einem Studium im Aleph Rabbinic Program. Dort erhielt sie im Januar 2017 ihre Smicha (Ordination). Parallel studierte sie Jewish Education am Hebrew College, wo sie einen Master in jüdischer Religionspädagogik erhielt.

Diane Tiferet Lakein war bis Ende 2019 Gemeinderabbinerin der liberalen Gemeinde Chawurah Gescher e.V. Freiburg sowie betreuende Rabbinerin der liberalen Gemeinde Migwan in Basel. Zur Zeit ist sie als freiberufliche Rabbinerin sowohl in den USA als auch in Europa tätig. Sie unterrichtet Kinder, Jugendliche und Erwachsene, ist im interreligiösen Dialog aktiv und begleitet Menschen sowohl pastoral als auch in ihrer spirituellen Suche.

Rabbinerin Irit Shillor

wurde 1950 in Jerusalem geboren, wo sie Mathematik und Physik studierte. Obwohl ihr Hintergrund säkular war, hatte sie trotzdem starke Gefühle für das Judentum, jedoch in einer nicht-orthodoxen Richtung. Als sie 1982 mit ihren Töchtern nach England umzog, suchte sie ein jüdisches Leben für die Familie und entdeckte die Welt des Reformjudentums. Dies war eine jüdische Welt, in der sie sich wohlfühlte.

1990 wurde sie Mitglied in einer Gemeinde in Südengland, und dort bat man sie, im Gottesdienst die Gebete zu leiten und aus der Tora zu lesen. Dieses prägte sie so sehr, dass sie 1998 das rabbinische Studium am Leo Baeck College in London begann und 2002 ordiniert wurde. Während dieser Zeit entdeckte sie auch, dass einige ihrer Vorfahren Rabbiner gewesen waren.

2002 amtierte sie in deutschsprachigen Gemeinden in Deutschland und Österreich, seit 2005 war sie zusätzlich in Harlow, England, tätig. Seit Ende 2016 arbeitet sie nur noch in Harlow.

Rabbinerin Alina Treiger

wurde 1979 in Poltawa in der Ukraine geboren. Dort studierte sie zunächst an der Musikakademie. In Moskau machte sie eine Ausbildung am Machon – Institute for Jewish Studies. Von 2004 an absolvierte sie ein rabbinisches Studium am Abraham Geiger Kolleg in Potsdam und studierte parallel dazu Jüdische Studien, Religionswissenschaft und Psychologie. Ihre Ausbildung schloss einen einjährigen Studienaufenthalt am Steinsaltz Center in Jerusalem ein.

2010 wurde Alina Treiger in der Synagoge Pestalozzistraße in Berlin zur Rabbinerin ordiniert. Das Thema ihrer rabbinischen Abschlussarbeit war „Erziehung der Kinder zu den Mizwot". Den Schwerpunkt ihrer Tätigkeit als Gemeinderabbinerin bilden die Kinder- und Jugend- sowie die Integrationsarbeit durch Vermittlung jüdischer Werte. Außerdem engagiert sie sich im Leo-Trepp-Lehrhaus, einem Projekt in Koordination mit der Carl-von-Ossietzky-Universität in Oldenburg.

Rabbinerin Natalia Verzhbovska

wurde 1968 in Kiew in der Ukraine geboren. Sie studierte zunächst Klavier und Musikwissenschaft am dortigen Staatlichen Tschaikowskij-Konservatorium. An ihre Ausbildung anschließend war sie viele Jahre als Klavierlehrerin, Repetitorin und Klavierbegleiterin tätig. Nachdem sie 2006 bis 2007 am Jüdischen Studienprogramm „Paideia" in Stockholm (Schweden) teilgenommen hatte, arbeitete sie als Programmdirektorin im Moskauer Gemeindezentrum „MEOD" und als Koordinatorin für jüdische Bildungsprogramme bei der Union Progressiver Juden in Russland (OROSIR).

2015 schloss Verzhbovska das Studium der Jüdischen Theologie mit dem Schwerpunkt Rabbinat an der Universität Potsdam ab und erhielt in Bielefeld ihre Rabbinerordination durch das

Abraham Geiger Kolleg. Derzeit ist sie die liberale Rabbinerin des Landesverbandes Progressiver Jüdischer Gemeinden in NRW und betreut die liberalen Gemeinden in Köln, Oberhausen und Unna. Derzeitig lebt sie mit ihrem Ehemann Rabbiner Alexander Lyskovoy und ihrem Sohn in Köln.

Rabbiner Bea Wyler

wurde 1951 in Baden/Schweiz geboren, Schulbesuch bis zur Matura in Wettingen und Baden. Studium der Landwirtschaft an der ETHZ. Abschluss als Eidg. dipl. ing. agr. ETH 1975 mit Schwerpunkt Tierproduktion. Arbeit als Agronom in verschiedenen Settings, u. a. als Wissenschaftsjournalistin. Studien- und Sprachaufenthalt in Israel. Anschließend Studium mit dem Ziel des Rabbinats am Leo Baeck College in London, am Neve Schechter Jerusalem, an der Hebrew University Jerusalem, an der Freien Universität Berlin, an der Humboldt-Universität zu Berlin und hauptsächlich am Jewish Theological Seminary in New York. Ordination 1995. Gemeinderabbiner in Oldenburg und Braunschweig (BRD) und Dozentin für Rabbinische Literatur an der Carl-von-Ossietzky-Universität in Oldenburg. Ab 2004 wieder in der Schweiz in rabbinischen Funktionen und publizistisch tätig, inzwischen pensioniert, beschäftigt sich jetzt wieder mit Lebensmitteln und Ernährungsfragen – diesmal vorwiegend in der Küche (Catering).

Das Buch entstand mit freundlicher Unterstützung durch

Gesellschaft für Christlich-Jüdische Zusammenarbeit München

Die Herausgeber danken

Deutsche Bahn AG

Telekom Deutschland GmbH

Daimler AG

Stiftung der Sparkasse Bamberg

Evangelische Kirche Berlin-Brandenburg-schlesische Oberlausitz

VR Bank Bamberg eG Raiffeisen-Volksbank

Evangelisch-Lutherische Kirche in Bayern

Erzbistum Berlin Erzbischöfliches Ordinariat

Erzbistum Bamberg Erzbischöfliches Ordinariat Bamberg

Verein zur Förderung der jüdischen Geschichte und Kultur Bamberg e.V.

Berliner Missionswerk

BCJ Bayern

Dr. Sieglinde Spindler-Thiele, Bamberg